INTER NACIO NALIZE-SE

PARÂMETROS PARA LEVAR A CARREIRA PROFISSIONAL AOS ESTADOS UNIDOS

RODRIGO LINS

ONEVOX editora

FICHA CATALOGRÁFICA

Dados Internacionais de Catalogação na Publicação (CIP)
(Câmara Brasileira do Livro, SP, Brasil)

```
Lins, Rodrigo
    Internacionalize-se [livro eletrônico] :
parâmetros para levar sua carreira profissional aos
Estados Unidos / Rodrigo Lins. -- 3. ed. -- Brasília,
DF :
Ed. do Autor, 2025.
    PDF

    ISBN 978-65-01-46300-1

    1. Carreira profissional 2. Estados Unidos -
Condições econômicas 3. Imigração 4. Imigrantes -
Aconselhamento - Estados Unidos 5. Relações
internacionais I. Título.
```

5-271033   CDD-650.14

Índices para catálogo sistemático:

1. Carreira profissional : Desenvolvimento : Sucesso
        profissional : Administração   650.14

Eliete Marques da Silva - Bibliotecária - CRB-8/9380

Este livro segue as regras do novo Acordo Ortográfico da Língua Portuguesa (1990).

Editora Onevox
Endereço: 777 North Orange Ave, unit 623, Orlando – FL
Telefone: +1 (407) 777-5491
E-mail: info@onevoxglobal.com
Website: www.onevoxglobal.com
Todos os direitos reservados à Editora Onevox.

DEDICATÓRIA

"Dedico esta obra a Deus que me guia em toda justiça e verdade. Aos meus pais, ao meu irmão Hugo Lins companheiro de todas as horas e às verdadeiras amizades que conquistei nessa jornada nos Estados Unidos".

Rodrigo Lins

APRESENTAÇÃO

O fato de ter muitas apresentações de obras no meu acervo não tira aquele friozinho na barriga toda vez que me dedico a uma. Digo isto, por que vejo muitos leitores, a sua grande maioria, namorando o livro antes de comprar e, ainda, se valem de correr os olhos nas páginas de abertura, orelhas e contra capa de uma obra para decidir sobre a compra de um exemplar na livraria. Agem assim como se pedissem um empurrão, um apoio, um motivo e uma razão.

Como sou "livraria dependente" sempre me encanta testemunhar estes momentos, o que termina evidenciando como é prazerosamente relevante, nestes tempos digitais, a letra impressa sobre papel na vida das pessoas.

Compre este livro! Ele é muito bom para muitas coisas.

A começar pelo autor. Você terá a chance de conhecê-lo melhor a partir de agora: Rodrigo Lins. Sei que você vai ficar fã dele como eu sou.

Lins foi meu aluno (um dos mais brilhantes!) e traz consigo uma inquietude e perseverança que, apenas, as pessoas raras e especiais são capazes de exalar. Professores são como olheiros do futebol, percebem pessoas, talentos, qualidades, não todas, mas as mais importantes, enquanto se dedicam a compartilhar o que conheceram antes.

Rodrigo, no primeiro dia de aula, (lembro bem!) foi uma presença absurdamente iluminada, impossível de não ser percebido (sem falar do seu olhar; penetrante e ofuscante por sua cor única). Lins cumpre seu "neo-ofício" de escritor e autor com um tema absurdamente importante para os dias de hoje: internacionalize-se. Rodrigo é jornalista, professor, ativista, assessor e consultor de importantes organizações e personalidades que protagonizaram grandes momentos da vida no Brasil e no exterior. Nestas oportunidades, ele estava lá, por perto, cuidando de tudo com amor e na hora certa, sempre competente e eficaz. Sua competência ao descrever todas as etapas para conquistar o visto de trabalho americano permite ao leitor sentir aquela sensação de segurança e respeito ao que está sendo apresentado nas próximas páginas. Esta obra fala de esperança, perseverança, desafios e enfrentamentos convidando você a trabalhar nos Estados Unidos da forma correta e segura. São muitos ofícios, profissionais e situações que os Estados Unidos acolhem oferecendo cidadania plena, muitas delas completamente desconhecidas, menos, a partir de hoje, para você que vai tomar conhecimento de todas, graças a este trabalho de Rodrigo Lins. Internacionalize-se, metaforicamente, é como uma receita de bolo que vai além do "cake": mostra os caminhos para abrir a confeitaria.

Este livro tem outra qualidade soberba: é fruto da própria experiência do autor que logrou conquistar seu visto de trabalho e posteriormente o Green Card (passaporte para a vida cidadã nos EUA) apresentando sua trajetória de vida pessoal e profissional. Como se diz: aprovado pelo conjunto da obra. Tudo aqui, repito, é narrado por alguém que vivenciou o sonho, trabalhou por ele e o tornou realidade.

Generoso (coisa de quem é professor), Rodrigo Lins compartilha detalhes, superações, oportunidades e entrega o que promete: internacionalize-se. A sua veia jornalística propicia ao leitor uma série de quadros com dados levantados com precisão utilizando fontes insuspeitas e dedicada garimpagem. Não é o máximo? Eu respondo: é sim. Inclua, ainda, que tudo o autor escreve aqui é tratado no terreno da maior dignidade e valorização pessoal, rigorosamente, com o apoio de especialistas em direito americano respeitando, sobretudo, as regras da América. Mudar de país, viver o sonho americano, experimentar desafios, por qualquer que seja a razão, é uma decisão muito difícil que graças a este livro se torna mais clara e humana. Internacionalize-se e se realize, aproveite a leitura.

Luiz Dantas *é publicitário, jornalista e professor universitário.*

SUMÁRIO

11 | Introdução
15 | Vistos profissionais disponíveis nos Estados Unidos
    16 | Vistos de trabalho temporário: não imigrantes
    18 | Habilidades Extraordinárias
20 | Transferência de profissionais para empresas brasileiras nos Estados Unidos
    21 | Vistos de Estudante e Intercâmbio
    24 | Representantes de mídia estrangeira
    25 | Vistos de imigrantes – *Green Card*
    25 | Vistos de Habilidades Extraordinárias
    27 | EB-1A – Habilidades Extraordinárias em Ciências, Arte, Educação, Negócios e Atletismo
    28 | EB1-B - Professores e Pesquisadores
    29 | EB1-C - Gerente Multinacional ou Categoria Executiva
    29 | EB2 – Segunda preferência de emprego
    31 | EB-5: Investidores Imigrantes
    32 | Agora você já tem uma ideia inicial
33 | Planejamento e preparação
34 | Consultando profissionais especializados
37 | Preparando-se
39 | Diferenças entre *Green Card* e Cidadania
39 | Residente permanente legal – *Green Card*
41 | Cidadãos americanos – U.S. CITIZEN
42 | 10 Passos para Internacionalização
47 | Invista na sua imagem
51 | Vivendo a experiência na prática
52 | Casos de sucesso
62 | Histórias de sucesso
64 | Melhores Cidades para Trabalhar nos EUA
71 | Porque internacionalizei minha carreira
74 | Escolhas inteligentes
77 | Caderno de imagens

INTRODUÇÃO

Começo evocando Marshall McLuhan em sua premonição, hoje concretizada, projetada em 1964 sobre os dias vindouros, construída a partir de um olhar singular à dialética entre a tecnologia e a reconfiguração do tecido social ao longo do tempo. Trata-se de um entendimento fundamental para compreendermos o exato cenário global que vivemos e para, a partir desse entendimento, podermos sondar quais possibilidades temos nesta nova configuração global de interações sociais e profissionais – uma nova Era de talentos globais – que marca o cenário a ser percorrido neste livro.

"Hoje, depois de mais de um século de tecnologia elétrica, projetamos nosso próprio sistema nervoso central num abraço global, abolindo tempo e espaço (pelo menos naquilo que concerne ao nosso planeta). Estamos nos aproximando rapidamente da fase final das extensões do homem: a simulação tecnológica da consciência, pela qual o processo criativo do conhecimento se estenderá coletiva e corporativamente a toda a sociedade humana, tal como já se fez com nossos sentidos e nossos nervos através dos diversos meios e veículos" (MCLUHAN, 1964, pág. 12).

O que McLuhan brilhantemente previu e nós comprovamos dia-a-dia, é que a tecnologia mudou a forma como nos relacionamos e como nossa civilização lida com a coletividade pressupondo fronteiras. "Nossa civilização especializada e fragmentada baseada na estrutura centro-margem, subitamente está experimentando uma reunificação instantânea de todas as suas partes mecanizadas num todo orgânico. Este é o mundo novo da aldeia global" (MCLUHAN, 1964. pág. 76).

Nessa grande aldeia global todos nós passamos a ser parte integral do mundo, assumindo sobre nós mesmos as características sociais, culturais e porque não profissionais, desse todo. Ou seja, como negar que os hábitos culturais do Japão não estejam no Brasil? Ou que a vida profissional nos Estados Unidos influencie diretamente a carreira de muitos no Brasil? É impossível refutar os impactos dessa realidade cada vez mais ampla e mundial na vida das pessoas – os chamados efeitos da globalização.

Passamos pela era da Hipermodernidade o que outro autor, Gilles Lipovetsky (2009) define como sendo uma era de potencialização de absolutamente tudo. Um lançamento sem volta da humanidade rumo ao Hiper.

"A sociedade hipermoderna é aquela em que as forças de oposição à modernidade democrática, individualista, e mercantil nao são mais estruturantes e, com isso, é lançada a uma espiral hiperbólica, a uma escalada paroxística nas esferas mais diversas da tecnologia, da vida econômica, social e mesmo individual. Tecnologias genéticas, digitalização, ciberespaço, fluxos financeiros, megalópoles (…) tudo aumenta, tudo se extremiza e se torna vertiginoso, 'sem limite" (LIPOVETSKY, 2009. pág. 49)

É neste mundo 'sem limites' que estamos vivendo e interagindo. E é com base nestes pressupostos que gostaria de convidá-los a aceitar que estamos em um momento único para que pessoas façam deste grande planeta sua morada. Sem limites, sem fronteiras que demarquem o percurso já não mais tangível de qualquer atuação, seja na vida pessoal ou na profissional. É neste cenário que vamos nos ancorar para trazer à tona parâmetros importantes para quem deseja internacionalizar sua carreira profissional inicialmente para os Estados Unidos.

A lógica é simples: o conhecimento é que nos une e ele já ultrapassou qualquer limite antes cogitado para a humanidade. Agora o que proponho é que entendamos a força desse momento social e global que vivemos para àqueles que, mais ousados, buscam uma projeção de vida e carreira fora de seus termos geográficos originais. Um movimento de pertencimento ao mundo que deve ser paulatinamente construído e planejado com suporte qualificado.

Me esforço ao longo deste livro para, como um profissional que internacionalizou a carreira do Brasil para os Estados Unidos, e agora como coach de imagem e internacionalização de carreiras, contribuir com informação e outros parâmetros que auxiliem àqueles que buscam alçar vôos globais em suas carreiras profissionais. São noções relevantes que vão auxiliar profissionais brasileiros a internacionalizar suas carreiras para os Estados Unidos de forma séria, coerente e longe dos estereótipos e falácias que circundam o universo da imigração sobretudo na internet nestes dias.

Boa leitura!

VISTOS PROFISSIONAIS DISPONÍVEIS NOS ESTADOS UNIDOS

Antes de começar este capítulo, é importante ressaltar que o objetivo deste livro não é direcionar o profissional em suas escolhas. Ao contrário, a ideia é mostrar o amplo guarda-chuva de opções disponíveis para quem já pensou ou pensa em um projeto de internacionalização de sua carreira profissional, tendo como alvo os Estados Unidos.

Em primeiro lugar, recomendamos que os interessados procurem advogados de imigração licenciados e qualificados, com permissão para atuar nos Estados Unidos. Somente um advogado especializado em imigração, possui a competência necessária para quaisquer orientações de natureza imigratória.

Para começarmos a discorrer sobre os tipos de visto profissionais disponíveis nos Estados Unidos, é importante frisar que estas informações estão disponíveis online e que estes vistos se configuram como sendo o primeiro passo para quem deseja levar a carreira profissional para os Estados Unidos.

Em termos de vistos de trabalho para imigrantes e não-imigrantes, a diferença entre eles é o período de permanência nos EUA e os benefícios destinados aos residentes (portadores do Green Card). Entender estas diferenças ajuda o candidato à internacionalização a adequar-se ao melhor visto para sua pretensão nos Estados Unidos.

Alguns tipos de visto não-imigrante permitem trabalhar legalmente por um período determinado nos Estados Unidos. Mas há de se frisar que o Departamento de Serviços, Cidadania e Imigração dos Estados Unidos (U.S Citizenship, Inmigration and Services – USCIS, sigla em inglês), define que vistos não imigrantes tem caráter temporário, e permitem a permanência no país somente por tempo determinado.

Outra informação importante para o leitor é que as derivações dos vistos aqui apresentados expõem diferenças, benefícios e limitações que variam conforme o tipo e, segundo o entendimento do governo norte-americano em um determinado período.

Assim sendo, as inquietações e dúvidas sobre vistos para dependentes que derivam do visto principal, também deverão ser sanadas com advogados migratórios, para ampla compreensão e tomada consciente de decisão com relação à imigração e à internacionalização da carreira profissional.

Vistos de trabalho temporário: Não imigrantes

A seguir listarei alguns vistos não imigrantes que dão acesso a autorização de trabalho temporário nos Estados Unidos, conforme características específicas.

Visto H – Trabalho temporário para profissionais especializados

A categoria de vistos H está entre as mais utilizadas por profissionais que querem trabalhar temporariamente nos Estados Unidos, bem como por empresas que contratam profissionais estrangeiros de maneira temporária para o mercado norte-americano.

A concessão deste visto, bem como a sua disponibilidade, depende do entendimento do USCIS e do Departamento de Trabalho (Labor Department). Ambos verificam quais as funções especializadas necessitam de profissionais qualificados estrangeiros, ou seja, aquelas cujo o mercado local de profissionais - cidadãos americanos ou residentes - não conseguem atender a demanda.

Este é um visto bastante popular por exemplo, na área de tecnologia. Grandes empresas multinacionais norte-americanas, contratam profissionais dentro desta categoria para suprir suas carências de mão-de-obra profissional.

Importante: Ao cônjuge e filhos não casados com menos de 21 anos dos portadores do visto H-1B é permitido o acompanhamento ao país com o visto H-4. Os portadores do visto H-4 não podem trabalhar.

H-1B – O mais famoso e conhecido visto da categoria H. Chamado pelo USCIS de ocupação de especialista. O primeiro requisito para o H-1B é a oferta de trabalho em si. O visto parte da existência de uma função profissional disponível no mercado norte-americano. O que significa que ele é concedido mediante uma vaga pré-contratada.

O H1-B é direcionado a profissionais com pelo menos graduação universitária, ou que comprovem certificação profissional com habilidades diferenciadas. É um visto bastante utilizado por multinacionais de tecnologia da informação que costumam importar mão-de-obra qualificada para trabalho temporário dos Estados Unidos. Um bom exemplo deste visto são os profissionais de nacionalidade indiana, contratados para a área de informática e engenharias.

O USCIS define se determinada vaga de trabalho oferecida se enquadra ou não na classificação de especialista, e ainda se o profissional candidato possui a qualificação necessária para ocupá-la. O processo também precisa passar pelo Departamento de Trabalho (Labor Department). A oferta de trabalho é enviada pelo empregador ao Departamento de Trabalho, bem como as condições contratuais. A vigência do visto é de três anos, podendo ser estendido, porém, com máxima duração de seis anos. Há um limite anual de vistos H-1B concedidos, definido pela USCIS e o Departamento de Trabalho.

H-2B – São vistos para trabalhadores qualificados e são requeridos para contratação de estrangeiros para funções de natureza temporária às quais existe escassez de mão-de-obra entre os cidadãos americanos e residentes legais. O empregador deve comprovar que não há trabalhadores americanos qualificados disponíveis para a função. É necessária a comprovação de que há escassez de profissionais no mercado para determinada função.

Um exemplo deste tipo de visto são trabalhadores temporários para serviços de hotelaria, restaurantes e parques em altas temporadas, como no verão, por exemplo, e ainda para a agricultura nos EUA.

A disponibilidade deste visto varia conforme a demanda do mercado, e segundo a análise do governo norte-americano sobre a necessidade de "importação" de tempo. Em geral, um visto de trabalho H-2B tem duração de um ano, podendo ser estendido para até 3 anos.

H-3 – Visto de estagiário: é o visto requerido para estágios nos Estados Unidos. É geralmente requerido por um estagiário que irá aos Estados Unidos para receber treinamento de um empregador.

Mas segundo o USCIS, o estágio deve ser realizado na categoria de visto não imigrante H-3, o qual permite que os estrangeiros entrem temporariamente nos Estados Unidos como estagiários para receber treinamento em qualquer área de atuação, além de formação ou treinamento médico de pós-graduação, que não esteja disponível em seu país de origem.

Este visto também permite o Intercâmbio de Educação Especial, onde o estagiário procura participar de um programa de treinamento para intercâmbio de educação especial que oferece curso prático e experiência na educação de crianças com deficiências físicas, mentais ou emocionais nos EUA.

Habilidades extraordinárias

O-1

O visto O-1, para indivíduos com habilidade extraordinária, ou seja, que detém relevante escopo de atuação e provas concretas sobre seu sucesso profissional, é uma categoria não-imigrante, de caráter temporário. Normalmente, este visto tem duração prevista de um a três anos.

É um visto reservado à indivíduos que possuem habilidades extraordinárias em ciências, artes, educação, negócios ou atletismo, ou que tenham um histórico comprovado de realizações extraordinárias na indústria cinematográfica, e televisão, por exemplo.

O profissional deve ter reconhecimento nacional ou internacional por suas realizações. As habilidades devem ser fundamentadas e comprovadas para a concessão do visto, que frisamos, é de caráter temporário. O beneficiário terá um período determinado para permanecer nos Estados Unidos e atuar na sua área específica.

Habilidade extraordinária na definição do próprio USCIS significa "um nível de especialização que somente uma pequena porcentagem de indivíduos conquistou em sem campo de atuação" e ainda distinção, ou seja, em se falando da área de artes, um "alto nível de realização evidenciado por um grau de habilidade e reconhecimento substancialmente acima do que é normalmente encontrado".

O interessado deverá fornecer provas que atendam a no mínimo três dos critérios que demonstrem seu talento na área indicada. São consideradas evidências, recebimento de prêmios, publicações, livros, artigos, reconhecimento nacional ou internacional pela excelência em sua área de atuação, associação em instituições dentro do campo de trabalho que requeiram realizações notáveis, material publicado em veículos de imprensa importantes e reconhecidos pela relevância científica, acadêmica ou abrangência.

Autoria de artigos acadêmicos em meios de comunicação profissionais ou grande mídia. Comprovação salarial que deve demonstrar que o salário recebido é alto comparado à média da categoria. Participação em painéis ou em bancas examinadoras, devido à posição profissional diferenciada dentro de sua área de atuação.

A petição é apresentada por um agente que deverá desempenhar no processo a função de empregador, ou seja, será baseada na oportunidade de trabalho para a função requerida.

O visto O-1 tem algumas semelhanças com o visto EB, mas há de se ter cuidado. Conforme veremos mais adiante a categoria EB é um visto de imigração que é baseado em habilidades extraordinárias, o qual dá acesso ao Green Card, diferentemente do O-1, que tem caráter temporário, não-imigrante.

Somente um advogado licenciado no estado em que o profissional planeja atuar, poderá dizer qual a melhor opção para cada perfil. O advogado de imigração especializado em vistos profissionais também poderá explicar as especificidades de cada campo de atuação.

O visto O-1 permite renovação, conforme critérios definidos pelo USCIS e ainda o benefício pode ser estendido para cônjuges e filhos menores de 21 anos. Os beneficiários têm autorização temporária de trabalho nos Estados Unidos, durante a vigência do visto titular.

Há de se ressaltar que a definição de talento extraordinário é bastante subjetiva, o que somente reforça a necessidade de ajuda imigratória especializada de escritório advocatício e consultoria especializada em gestão de imagem e carreira.

Transferência de profissionais para empresas brasileiras nos Estados Unidos

Visto L1

O L1 é um visto de trabalho que permite a transferência de funcionários que fazem parte da diretoria executiva de uma companhia brasileira para uma filial ou subsidiária da empresa em território norte-americano. É um visto não-imigrante concedido para um período de três anos, com prorrogações possíveis com máximo de sete anos.

Durante a vigência do visto, os profissionais podem aplicar para uma mudança de status para um visto de imigrante, um Green Card. Há uma série de requisitos que a USCIS observa para a concessão do visto que envolvem a empresa subsidiária e a comprovação da importância do profissional transferido do Brasil para a empresa nos Estados Unidos.

A empresa necessita, por exemplo, comprovar a realização de negócios – promoção de bens e serviços nos Estados Unidos e Brasil. Nos últimos anos, o L1 foi bastante solicitado e, hoje, a imigração já é muito criteriosa para a análise de processos de solicitação deste visto. Isso torna imprescindível a contratação de um advogado especializado e credenciado para suporte qualificado nesta aplicação.

Cônjuges e filhos não poderão trabalhar no país, somente terão permissão para estudar. Para trabalho, é preciso solicitar uma autorização perante o USCIS.

O fato é que a imigração precisa estar convencida de que a empresa, no caso, brasileira, pode sustentar a nova operação americana, e dentro de um ano, a nova empresa precisará mostrar à imigração que tem um volume de negócios ou de funcionários suficiente para justificar a presença continuada de um executivo ou administrador ou até proprietário.

Lembrando-se que a empresa brasileira, após a transferência do proprietário para a empresa americana, não poderá falir.

Vistos de Estudante e Intercâmbio

F1: Visto destinado a estudantes interessados em cursos de graduação e pós-graduação em uma universidade ou instituição acadêmica nos Estado Unidos. Um visto de estudante é atrelado ao tempo de duração do curso indicado no momento da aplicação.

Por exemplo, um brasileiro pode estudar engenharia em uma universidade norte-americana com este visto, ou um MBA. Mas antes da aprovação do visto, o solicitante terá de comprovar que tem um vínculo com a universidade ou faculdade.

Além disso terá de satisfazer a uma série de critérios como: comprovar residência no país de origem, intenção de regressar ao país após o término do curso e encontrar uma instituição patrocinadora. Cada universidade possui uma política diferente de admissão.

Em geral, é um visto concedido a estudantes internacionais que irão fazer um curso superior integral em uma universidade americana. Com esse visto, durante o primeiro ano de curso, o aluno tem autorização para trabalhar dentro do campus da universidade por 20 horas semanais e por 40 horas – em tempo integral - durante as férias.

Segundo critérios específicos, há até mesmo a opção de trabalhar em alguma empresa comercial que tenha contrato com a universidade, um restaurante, café ou livraria que preste serviços à instituição dentro do Campus. Também é possível trabalhar diretamente para a universidade, além de exercer uma função que seja parte da bolsa de estudo, Fellowship ou doutorado, por exemplo.

Para trabalhar com uma remuneração de forma parcial (máximo 20 horas semanais), é possível já no primeiro ano que o aluno consiga junto ao USCIS um 'Curricular Practical Training (CPT)' - que é uma prática obrigatória do curso, ou seja, parte da grade curricular, mas que permite ao aluno estrangeiro remuneração, mediante autorização da imigração.

Após um ano de curso, o estudante poderá trabalhar em uma função de tempo parcial fora do campus, por meio da OPT e dentro da área de formação acadêmica, por um período determinado.

J-1: Visto concedido aos estudantes internacionais que procuram os Estados Unidos para intercâmbio. Com esse visto, os estudantes têm autorização de trabalhar apenas dentro do campus e somente em funções que façam parte de um programa de financiamento ou bolsa de estudo, Fellowship, ou na própria universidade. Não sendo permitido trabalhar em empresas parceiras (que prestam serviços ao campus como uma cafeteria, por exemplo).

O visto J-1 é bastante conhecido porque permite o trabalho como au pair, o programa de intercâmbio que inclui a escola e a moradia junto com uma família americana.

O J-1 é utilizado por profissionais graduados e pós-graduados que irão atuar por um tempo em universidades americanas, estudando e até mesmo atuando no intercâmbio de conhecimento, fornecendo serviços de pesquisa, tutoria ou cursos de extensão na instituição. No caso de au pair, geralmente o interessado deve buscar agências especializadas no processo e, sempre, o advogado de imigração qualificado.

Dentro da categoria J-1, o USCIS também disponibiliza programas de trabalho temporário para jovens estudantes de universidades brasileiras, como o Summer Work Travel (SWT).

O programa oferece vagas de trabalho para que estudantes universitários trabalhem nos Estados Unidos durante as férias de verão. O aluno deverá ter ao menos um semestre do curso e ser fluente em inglês. O SWT dura em média 4 meses e o aluno poderá, após o término do período de trabalho, permanecer trinta dias nos Estados Unidos para viajar pelo país.

M-1: o visto M-1 é concedido aos estudantes que irão aos Estados Unidos para fazer cursos vocacionais. Os cursos vocacionais são aqueles destinados a quem já cumpriu o ensino médio e procura conhecimentos e habilitações em áreas específicas.

O visto M1, assim como o F-1 (estudante), a priori não concede o benefício de trabalho, mas há exceções quando uma função remunerada, ou vaga de trabalho possa ser considerada como treinamento prático da área de estudo, por até seis meses após a conclusão do curso.

Esta modalidade também permite em alguns casos, a obtenção de um OPT (Optional Practical Training), uma autorização para trabalho temporário para treinamento dentro da área estudada.

A autorização de trabalho dentro desta categoria é limitada. Além de trabalhar somente na área estudada, o estudante deverá trabalhar no máximo 20 horas semanais no período letivo e somente poderá trabalhar 40 horas semanais (tempo integral) durante às férias escolares.

Dúvidas sobre os Vistos F-1, J-1 e M-1 devem ser bem aclaradas por profissionais competentes no sentido de evitar problemas legais. Apenas um advogado especializado, poderá dizer por exemplo, se determinado estágio ou treinamento se enquadraria ou não dentro de uma das categorias CPT e OPT, que conforme, mencionado anteriormente, permitem trabalho temporário, de tempo parcial e remunerado, dentro das especificações necessárias à preparação do estudante para seu campo de atuação.

Há várias opções que devem ser bem analisadas. Até mesmo se o estudante irá optar por trabalhar enquanto estuda, com um OPT chamado "pre-completion" ou após o término do curso com um OPT "post-completion".

No caso do trabalho remunerado após encerrado o curso, dentro da área de atuação, o aluno pode aplicar para uma autorização de trabalho via OPT, remunerado fora do Campus, durante um ano. E dentro de algumas áreas específicas como ciências, tecnologia ou engenharias, pode até mesmo conseguir uma extensão do período de trabalho remunerado após o término do curso.

Há diversos prazos para aplicações que devem ser analisados e dependem de uma orientação profissional clara.

Representantes de mídia estrangeira

Visto I

Profissionais de mídia, cinema, televisão, rádio, internet e publicações impressas podem ser elegíveis para o visto I, uma categoria não imigrante que permite permanência temporária nos Estados Unidos. Para exercer trabalho como representante de um veículo.

Alguns requisitos deverão ser observados, o profissional terá de ter um escritório ou uma residência temporária. Esta categoria inclui repórteres, equipes de filmagem, editores e ocupações similares.

É importante comprovar vínculo com um veículo de mídia estrangeira, e qual o objetivo da viagem ou permanência nos Estados Unidos, por exemplo, um profissional de um portal de notícias brasileiros que irá atuar como correspondente por um período determinado.

A duração do visto depende das especificações contidas no trabalho a ser realizado, pode ser de um até quatro anos, sendo possível a renovação do visto, mediante comprovação por parte da empresa a qual o profissional está vinculado. Profissionais Freelancer também podem obter um visto I, mas é necessário comprovar o vínculo e a periodicidade do trabalho realizado para determinado meio.

O Visto I não permite trabalho remunerado nos Estados Unidos ao profissional que o obtém junto ao USCIS. Entretanto, é possível estudar no país e caso o portador do visto I tenha dependentes (filhos ou cônjuges), os mesmos poderão estudar em uma instituição norte-americana.

Dependentes assim como o titular do visto I não poderão trabalhar dentro dos Estados Unidos durante o período de permanência.

Vistos de imigrantes – Green Card

O USCIS oferece algumas opções de vistos de trabalho de imigrantes que possibilitam que profissionais altamente qualificados migrem para os Estados Unidos. São vistos extremamente complexos que requerem não só um alto nível do profissional que aplica para estas modalidades, como profissionais de imigração altamente qualificados e experientes em processos destas categorias.

Vamos apresentar as opções disponíveis de vistos de imigração que dão acesso ao Green Card. A seguir vamos detalhar os vistos mais conhecidos.

Visto de habilidades extraordinárias

EB-1 – O Visto de habilidade extraordinária, "first-preference" – EB-1 – é reservado a pessoas com habilidade extraordinária em ciências, artes, educação, negócios ou atletismo. Os candidatos desta categoria precisam comprovar, por meio de documentação extensa que são reconhecidos nacional ou internacionalmente em suas área de especialização.

Uma oferta de trabalho não é exigida, desde que o candidato comprove o interesse em trabalhar nos Estados Unidos em seu campo de especialização. O candidato deve ter mais de três anos de experiência e a palavra chave para o EB1 é reconhecimento.

O interessado deverá comprovar que é reconhecido por suas habilidades e talentos extraordinários. É preciso apresentar perante o USCIS evidências da extraordinariedade do profissional.

O EB-1 é subdividido em três categorias, EB-1A, EB-1B, e EB-1C. O visto é concedido a cinco tipos de pessoas: àqueles com habilidade extraordinária em ciências, artes, educação, negócios ou atletismo. Muito embora os campos de atuação estejam descritos dessa forma, o auxílio de um advogado de imigração poderá orientar os interessados se qualificam ou não para este tipo de visto. No meu caso, por exemplo, consegui como jornalista o Green Card pelo EB-1A.

Os profissionais devem demonstrar aclamação nacional ou internacional, apresentado provas de que suas conquistas foram reconhecidas no campo em que atuaram, por meio de extensa documentação. "Excelentes professores e pesquisadores" que tenham sido reconhecidos internacionalmente por suas extraordinárias realizações acadêmicas em sua área específica".

É necessário, no mínimo, três anos de experiência em ensino ou pesquisa acadêmica, entre outros requisitos, para entrar nos Estados Unidos. De preferência em uma posição similar à que possuía em sua universidade ou instituição de ensino superior de origem. Também há opções para altos executivos e gerentes de empresas multinacionais que são transferidos para os Estados Unidos.

Dentre os vários requisitos, destacamos que é necessário ter sido empregado, nos últimos três anos, pelo menos um ano fora dos Estados Unidos em uma posição de gerenciamento na mesma empresa que pretende empregá-lo em território norte-americano ou mesmo em uma empresa relacionada.

EB-1A – Habilidades Extraordinárias em Ciências, Arte, Educação, Negócios e atletismo

Este visto possibilita que o indivíduo possa peticionar um caso do EB-1A para si, sem que nenhum empregador dos Estados Unidos atue como patrocinador.

Vale ressaltar que o EB-1A, também possui um padrão técnico muito alto. Ele exige que o peticionário mostre que cumpriu ao menos três entre dez critérios regulatórios e mostra que o indivíduo "subiu ao topo na carreira" com uma série de evidências:

✦ Recebimento de prêmios;

✦Reconhecimento nacional ou internacional por excelência em sua área de expertise;

✦ Evidência de participação em associações no campo, que exigem realizações extraordinárias de seus membros;

✦ Evidências de publicações profissionais ou outras mídias importantes;

✦ Evidência de participação em bancas examinadoras ou julgadora de profissionais da área de atuação;

✦ Evidências de contribuições científicas, acadêmicas, artísticas, esportivas ou empresariais originais de grande relevância;

✦ Evidência de autoria de artigos acadêmicos em publicações profissionais ou outras mídias importantes;

✦ Evidência de que o trabalho foi exibido em exposições ou mostras artísticas; evidência de desempenho de um papel importante ou crítico em organizações distintas;

✦ Evidência de salário alto ou outra remuneração significativamente alta em relação a outros trabalhos, em sua área e evidência de sucessos comerciais nas artes.

As evidências são parecidas com as exigidas para aplicantes do visto O1 (que vimos anteriormente) na categoria não imigrante. A diferença é que os vistos EB são uma porta de entrada para a residência permanente. Por isso mesmo é que ele é avaliado com ainda mais rigor.

A esta altura você pode estar se perguntando: qual visto é compatível com o seu perfil?

Veremos mais adiante sobre o processo de tomada de decisão e escolha sobre qual caminho trilhar, mas reforçamos novamente, que o caminho para descobrir qual o visto compatível com seu perfil, passa por consultar um advogado de imigração qualificado. E não falamos aqui de qualquer advogado, é preciso direcionar suas buscas para especialistas na área imigratória profissional e que detenham o conhecimento necessário para avaliar se seu perfil tem as qualificações de determinada categoria. É fundamental que o advogado tenha experiência em vistos desta natureza.

EB1-B - Professores e Pesquisadores

O EB1-B Outstanding Researcher ou Professor classificação de visto de imigrante é a primeira imigração baseada em emprego. A petição do EB-1B baseia-se em mostrar que o beneficiário estrangeiro atende aos critérios do pesquisador em destaque. É preciso mostrar que um empregador pretenda contratá-lo.

O peticionário deve incluir, além de uma oferta de emprego do empregador, a documentação de pelo menos dois dos seis critérios listados abaixo:

✦ Evidência de recebimento de prêmios importantes ou prêmios por realizações extraordinárias;

✦ Evidência de participação em associações que exigem que seus membros demonstrem realizações extraordinárias;

✦ Evidência de publicações profissionais sobre o trabalho do estrangeiro; evidência de participação, seja em painel ou individualmente, como juiz no mesmo campo acadêmico;

✦ Evidências de contribuições originais de pesquisas científicas ou acadêmicas;

✦ Evidência de autoria de livros ou artigos acadêmicos (em periódicos acadêmicos com circulação internacional)

EB1-C - Gerente Multinacional ou categoria Executiva

Quando um empregador deseja transferir um funcionário estrangeiro para uma empresa dos EUA como um executivo multinacional EB1 ou gerente imigrante, é preciso que se comprove a existência de uma relação qualificada entre o empregador estrangeiro e o empregador dos Estados Unidos.

Para estabelecer uma relação qualificada nos termos da regulamentação, o peticionário deve demonstrar que o empregador estrangeiro e o empregador norte-americano estão relacionados como empresas filiais, ou subsidiárias. O empregador que faz a petição deve ser uma companhia em território norte-americano e estar fazendo negócios por pelo menos um ano, como afiliado, subsidiário ou como a mesma corporação que empregou o beneficiário no exterior.

Além disso o profissional deverá ser empregado em uma posição gerencial ou executiva. Nesta categoria não é exigida Certificação de Trabalho.

A companhia terá de fornecer uma oferta de emprego na forma de uma declaração que indica que o estrangeiro será empregado nos Estados Unidos em uma função administrativa ou executiva.

EB2 – Segunda preferência de emprego

A categoria EB-2, é um visto de imigração via trabalho que, diferentemente do EB1, exige certificação de trabalho, o chamado "Labor Certification".

Um candidato a segunda preferência deve geralmente ter uma certificação de trabalho aprovada pelo Departamento do Trabalho, bem como uma oferta de emprego de empregador dos EUA, que deve apresentar a petição em nome do requerente. Existem dois subgrupos dentro desta categoria:

Profissionais titulares de um grau avançado (além de bacharelado), e pelo menos cinco anos de experiência progressiva na profissão.

Pessoas com excepcional habilidade nas ciências, artes ou negócios. Capacidade excepcional representa ter um grau de especialização significativamente acima do encontrado normalmente nas ciências, artes ou negócios.

Terceira preferência do emprego (Eb3): trabalhadores qualificados, profissionais e trabalhadores não qualificados (outros trabalhadores).

Um terceiro candidato de preferência deve ter uma petição de imigrante aprovada para trabalhador estrangeiro, enviado pelo empregador em perspectiva. Trabalhadores qualificados são pessoas cujas ofertas de trabalho exigem no mínimo 2 anos de treinamento ou experiência, não temporárias ou sazonais.

São ofertas laborais que exigem ao menos um diploma de bacharel no Brasil ou grau equivalente nos Estados Unidos.

Todas as categorias de vistos de imigrantes baseados no emprego levam em conta a ordem cronológica em que as petições foram apresentadas até que o limite numérico anual para a categoria se esgotem. A data de apresentação de uma petição torna-se a data de prioridade do candidato.

Os vistos de imigrante não podem ser emitidos até que a data de prioridade de um candidato seja atingida. Em determinadas categorias com excesso de assinaturas, pode haver um período de espera de vários anos até que uma data de prioridade seja atingida.

EB-5: Investidores Imigrantes

A categoria EB-5 (a quinta categoria baseada em emprego) não se fundamenta no emprego do candidato, mas no emprego criado pelo candidato por meio de um investimento que atualmente está centrado em US $ 500.000 ou US $ 1 milhão em um projeto dos EUA. Em breve haverá um debate para aumento destes valores praticados atualmente.

Os investidores que podem mostrar uma fonte legal de fundos por meio de economias, distribuições corporativas, venda de bens pessoais ou imóveis, podem investir em uma "nova empresa comercial" dos EUA, que é uma empresa com fins lucrativos, geralmente na área de desenvolvimento imobiliário.

Os investidores precisam mostrar que 10 ou mais empregos serão criados para cidadãos dos EUA ou residentes permanentes. Se o investidor está investindo em seu próprio negócio, esses empregos devem ser criados no próprio negócio (conhecidos como empregos diretos).

No entanto, grandes projetos que combinam o investimento de muitos empreendedores (às vezes até mais de cem) são opções para os que desejam lançar-se em um negócio que não precisarão administrar diariamente. Esses projetos são afiliados ou patrocinados por um "centro regional", que é uma empresa que obteve uma licença do USCIS para gerenciar e supervisionar projetos de investimento estrangeiro em larga escala.

Como resultado do investimento, os investidores recebem primeiro um Green Card condicional. Depois de dois anos, eles fazem uma segunda petição com o USCIS para provar que os trabalhos foram criados.

A concorrência do programa EB-5 aumentou acentuadamente nos últimos anos. Entre 1990 e 2007, apenas 14 investidores brasileiros receberam vistos EB-5, de acordo com um relatório do IIUSA. Agora, no entanto, o Brasil é a quinta maior fonte mundial de investidores do EB-5 e o maior contribuinte fora do sudeste da Ásia.

Os investidores precisam da orientação do conselho de imigração para determinar se um projeto pode cumprir os requisitos de imigração dos EUA e preparar as partes pessoais e comerciais da petição de imigração. Este é sem dúvida um visto complexo que exige um apoio super qualificado para evitar prejuízos.

Agora você já tem uma ideia inicial

Após ler este breve resumo de tipos de vistos profissionais disponíveis, você deve estar pensando sobre qual deles você se enquadraria. Lembre-se: um advogado de imigração licenciado irá ajudá-lo desde o ponto de vista técnico da qualificação até a aplicação e monitoramento do caso.

Após definir qual o visto mais adequado, sendo necessária a compilação de evidências necessárias para aplicação da solicitação (vistos de imigrantes em habilidades extraordinárias), pode ser preciso contratar o suporte de uma agência de comunicação, marketing e imprensa especializada em internacionalização de carreira profissional.

Nos próximos capítulos, vamos mostrar alguns princípios a serem seguidos para um processo promissor de internacionalização de carreiras.

PLANEJAMENTO E PREPARAÇÃO

Dificuldades preparam pessoas comuns, para destinos extraordinários.

Por C.S.Lewis

O primeiro desafio para quem quer internacionalizar a carreira é a preparação emocional. Muito além de decidir sobre melhores estratégias, o tipo de visto adequado para seu perfil, elaborar um plano de ação ou preparar-se financeiramente. Antes de qualquer outro passo, é preciso fortalecer-se emocionalmente e entender que haverão momentos difíceis de incerteza e de espera.

A inteligência emocional, enquanto capacidade que temos de interagir, reagir e contornar situações, é crucial no processo de internacionalização da carreira profissional. Ela é um dos pilares que irão te sustentar enquanto você avança em seu caminho. Pense nisso antes de qualquer movimento rumo à sua carreira internacional.

E esta transição é um processo que requer paciência e planejamento, também para o período de espera. Green Cards obtidos por meio de vistos profissionais podem demorar em média dois anos ou mais.

O aplicante passará por um período de incerteza. E por mais que tenha todas as evidências necessárias, mesmo que tudo tenha sido feito por excelentes profissionais e com o acompanhamento correto a ansiedade vai bater à porta com certeza.

Por isso, reforçamos a importância de preparar-se emocionalmente para esta "ESPERA". Ao aplicar para o Green Card, o interessado vivenciará situações em que ele não tem controle algum, por exemplo, os prazos do USCIS em cada uma das fases.

A preparação emocional será de extrema importância, tanto para quem está no Brasil e decide por aplicar antes de chegar aos Estados

Unidos, quanto para quem vem com um tipo de visto não imigrante e decide fazer a transição para o Green Card já em território norte-americano.

Consultando profissionais especializados

Em se tratando de internacionalização de carreiras, o primeiro passo é consultar advogados qualificados que poderão te ajudar a encontrar o visto mais adequado ao seu perfil do profissional. É muito importante consultar mais de um profissional, seja no Brasil ou nos Estados Unidos.

Além de buscar referências antes de realizar uma consulta, é importante verificar se o advogado tem autorização para atuar no estado para qual o interessado queira migrar. Antes de marcar uma consulta com um especialista, recomendamos uma revisão no site da USCIS. Assim você poderá fazer anotações sobre os tipos de vistos que lhe parecem interessantes.

É importante anotar aqueles para os quais você acredite que possa se qualificar. Durante este processo é normal que surjam muitas dúvidas. É essencial anotá-las e usá-las como referência durante sua entrevista com um advogado.

Em geral, os advogados oferecem várias opções para primeira consulta, dando ao cliente a possibilidade de uma entrevista presencial, por telefone, ou mesmo vídeo-chamada (Skype, WhatsApp e outros).

Outra recomendação é conversar com mais de um profissional. Fale com dois ou três advogados recomendados e habilitados para o estado em que pretende viver. Este investimento inicial em consultas com advogados, ajudará na escolha do profissional com o qual você mais se identifique. Além de te dar uma ideia inicial das etapas para obtenção do Green Card e fugir, é claro, de golpes e informações erradas muitas vezes disponíveis na internet.

Como toda relação, é importante que você se sinta confortável com o profissional. Não tome decisões rapidamente sobre a escolha do advogado ou escritório que conduzirá seu processo. Converse, anote pontos positivos, e procure escolher aquele com o qual você sinta maior afinidade. Observe-se se existe empatia.

Recomendamos também consultas com outros tipos de profissionais: Advogados na área civil, imobiliária e investimentos. Conversas que irão ajudá-lo a formar um cenário mais realista da vida nos Estados Unidos e de decisões importantes que terão de ser tomadas antes da aplicação para o visto.

Consultar profissionais é mais eficaz do que pesquisar fontes diversas na internet. Atualmente há inúmeros canais com imigrantes que contam suas histórias, dão dicas de como viver nos Estados Unidos e ensinam, a partir de suas experiências, o que acreditam ser um caminho para a imigração. Contudo, gostaríamos de frisar que boa parte dos canais disponíveis são de pessoas fora do perfil profissional do qual estamos falando aqui e geridos por interlocutores que, muitas vezes, não tem status para permanecer nos EUA.

A obtenção de um visto profissional baseado em talentos extraordinários é um processo complexo, que deve ser muito bem planejado e executado. Não pode valer-se de informações que não sejam verídicas. É importante lembrar que neste processo cada passo é importante e está sendo registrado pela imigração americana.

Por isso, queremos reforçar sobre a importância de que você seja bem assessorado. Não apenas no aspecto migratório, mas nas outras áreas que deverão ser consideradas. Além dos advogados e consultores na área de investimento, civil e imigratória, uma consulta importante a ser realizada é na área contábil. Você vai precisar de ajuda para entender como funciona o pagamento de impostos e dependendo do tipo de visto para o qual você aplica, é necessário ajuda especializada contábil, para abrir uma empresa nos Estado Unidos, por exemplo.

Outro aspecto que você deve entender antes de procurar profissionais é que os advogados nos Estados Unidos te oferecerão assessoria para o processo pelo qual foram contratados. Por exemplo, o advogado de imigração irá montar seu caso reunindo provas, evidências e toda a documentação que você apresentar, para dar-lhe assessoria no rito processual em si relacionado ao processo perante a USCIS.

Deste modo, é muito importante, além de buscar profissionais de outras áreas, ter acesso a uma consultoria especializada, com suporte de um coaching de internacionalização de carreira que possa ajudá-lo a coordenar cada etapa. Um consultor não atenderá aspectos técnicos de imigração, mas poderá apoiá-lo no planejamento e na organização de cada etapa do seu processo.

Essencialmente ele será de grande valia em momentos de espera, e ainda para ajudá-lo na preparação emocional (conforme recomendamos no começo deste capítulo). Haverá muitas decisões a serem tomadas sobre investimentos, reserva de recursos para os gastos processuais, bem como sobre fazer a mudança nos Estados Unidos ou no Brasil.

Por isso, frisamos que além de assessoramento técnico legal, é importante a busca por um profissional coaching de carreira para a gestão do projeto em si, apoio emocional e suporte.

A tomada de decisão vai além da escolha do visto e do escritório de imigração. Na hora de decidir é preciso fazer um orçamento, levantamento dos gastos diretos e indiretos decorrentes do processo. Você deverá se preparar para gastos com advogado, traduções e outros eventuais com consultores de carreira ou de imagem.

Você deve reservar dinheiro para o período em que você estará vivendo ou no Brasil ou nos Estados Unidos na fase de transição, após a aplicação e enquanto você espera por respostas do USCIS.

Há detalhes que parecem básicos, mas que são fundamentais para que você possa viver nos Estados Unidos, por exemplo: compra de carro, aluguel de moradia, habilitação para dirigir, abertura de contas bancárias sem ainda possuir Green Card.

Imagine que você irá se mudar dentro do Brasil e que descobriu uma oportunidade de emprego na sua área em outra cidade. Uma vez que você tenha uma vaga de trabalho, você cuidaria de tudo para a mudança: procuraria onde morar, transferência da placa do carro, compra de um carro.

Neste exemplo, estamos falando de uma mudança dentro do Brasil. Imagine agora que você esteja almejando uma carreira internacional nos Estados Unidos. Você já viu que isso é possível. É viável. Mas você precisa saber onde está pisando. É necessário buscar uma orientação segura para que todas dificuldades inerentes ao processo possam ser superadas com tranquilidade.

A transição de carreira possuirá momentos de espera que terão um grande impacto orçamentário. Se o profissional decidir viver nos Estados Unidos enquanto espera pela decisão, terá de colocar na ponta do lápis uma estimativa de gastos e preparar-se. Há casos negativos de pessoas que não se preparam adequadamente para esta fase, muitas delas por falta de uma orientação adequada e passam por situações de dificuldades em determinado momento.

Quanto mais preparado, menos impacto. Ter o respaldo profissional é um dos pontos chave do sucesso na transição de carreira.

Preparando-se

Depois que você já consultou advogados e profissionais e já tem em mente para qual visto você quer aplicar, é hora de preparar-se. Neste início de preparação, você fará uma "viagem por sua carreira", irá buscar desde os primórdios de sua vida profissional até agora tudo o que tenha realizado.

Isso significa que cada atividade, seminário participado, evento, ou cada trabalho realizado voluntário ou remunerado devem ser levados em conta. Todos os fatos que fazem parte da sua história profissional ou acadêmica devem ser considerados. Uma vez que você tenha anotado e separado todas as informações que você tem, comece a trabalhar em seu currículo estendido (uma versão mais completa e robusta da sua trajetória profissional).

Agora é hora de fazer o currículo estendido, caso ainda não o tenha. Todas as suas habilidades devem ser incluídas neste primeiro momento, sem nenhum julgamento. Uma dica importante é separar as habilidades por área.

Veja meu caso, por exemplo. Descobri em consulta a advogados que meu perfil profissional se qualificava para obtenção do Green Card pelo visto EB-1A. No Brasil eu era assessor de comunicação e imprensa, jornalista, professor universitário e voluntário. Eu separei todas as minhas atividades remuneradas e não-remuneradas por área e detalhei cada uma das minhas habilidades e potencialidades profissionais. Em meu currículo estendido dividi minhas atividades dentro de áreas diferentes que eu havia atuado.

O meu currículo ficou com cerca de 20 páginas. Pode parecer um pouco cansativo fazer isso, mas este currículo detalhado é o ponto de partida para o trabalho do advogado de imigração e para o seu próprio trabalho de buscar a documentação que você tenha.

A ideia deste currículo estendido é trazer para o advogado a dimensão do seu caso. Geralmente um advogado que está nos Estados Unidos, já pode ter perdido o vínculo com o Brasil, mesmo para os brasileiros. E no caso de advogados estrangeiros, pode ser que ele não consiga dimensionar a importância de certos documentos, eventos e até experiências profissionais se você não enfatizar no currículo.

Por exemplo, você pode ter ganhado um prêmio em uma universidade do Brasil ou ter uma carta de recomendação de uma determinada instituição. Mas o advogado necessitará de contextualização, necessitará saber a importância de cada trabalho ou realização contida em seu currículo.

Publicações, artigos, citações sobre sua vida profissional em veículos de mídia, profissionais ou acadêmicas e palestras nas quais você participou, tudo isso deve estar em seu currículo estendido.

Pode ser que você se sinta confuso ao montar este currículo. Isso é normal. Mas para a montagem deste currículo, um Coaching de carreira também poderá ajudá-lo. Após a elaboração do currículo estendido, é hora de selecionar evidências das realizações. Isso inclui desde originais de publicações com seu nome, cópias de artigos, livros e prêmios e etc.

Há de se levar em consideração que cada visto tem suas particularidades e há diferentes tipos de evidências que deverão ser consideradas. Sobretudo, direcionadas para o tipo de visto escolhido para a aplicação.

Diferenças entre 'Green Card' e Cidadania

Antes de avançarmos é preciso registrar diferenças pontuais entre os imigrantes que detém o famoso 'Green Card' e àqueles que conquistam a cidadania nos Estados Unidos. Os termos "Permanent Resident" e "U.S. citizen" são muitas vezes confundidos um com o outro. Embora ambos confiram direitos para viver legalmente nos Estados Unidos, eles significam coisas muito diferentes, como descrito abaixo.

Residente permanente legal – Green Card

Um residente permanente legal é alguém a quem foi concedido o direito de viver nos Estados Unidos indefinidamente. Os residentes permanentes recebem o chamado "Green Card", que é um cartão de identificação com foto que comprova seu status.

A residência permanente inclui o direito de trabalhar no território americano e de pedir a familiares próximos (seu cônjuge e filhos solteiros) para receber residência permanente e se juntar a você. No entanto, os membros da sua família serão considerados "parentes de preferência", o que significa que apenas um número limitado de vistos de imigrantes está disponível para as pessoas nesta categoria por ano e, portanto, provavelmente passarão cinco ou mais anos em uma lista de espera antes de serem autorizados para entrar, permanecer nos Estados Unidos ou obter um

Green Card.

Os residentes permanentes continuam a ser cidadãos de seus países de origem. Então, toda vez que você viajar para fora dos Estados Unidos, você deve levar o passaporte do seu país, assim como seu Green Card. Você precisará usar seu Green Card para entrar novamente nos Estados Unidos.

Existem limitações importantes nos direitos dos residentes permanentes legais. O detentor de 'Green Card' não tem direito de votar nas eleições dos EUA. Se o detentor do documento deixar os Estados Unidos com a intenção de fazer residência em outro lugar, será considerado que este abandonou sua residência nos EUA e desistiu de seu Green Card.

Ao contrário do mito popular, o residente permanente pode abandonar sua residência em apenas um dia. No entanto, é verdade que as autoridades de imigração darão uma olhada mais de perto se o detentor do Green Card passar mais de seis meses fora dos Estados Unidos. Se este passar mais de um ano fora do país, as autoridades presumirão que abandonou sua residência e este terá uma batalha difícil para convencer a imigração do contrário. Se você planeja deixar os EUA por um período superior a 12 meses, é recomendável obter primeiro uma permissão de reentrada.

Após o seu retorno da viagem, o detentor da residência permanente está sujeito aos mesmos fundamentos de inadmissibilidade que enfrentou quando recebeu o Green Card pela primeira vez. Outra limitação importante em residentes permanentes legais é que eles estão sujeitos a razões de deportabilidade. Se cometerem certos crimes ou violações de segurança, ou mesmo não avisarem ao USCIS sobre suas mudanças de endereço, poderão ser colocados em processo de remoção e deportação dos Estados Unidos.

Depois de um certo período de tempo - cinco anos na maioria dos casos - os residentes permanentes que demonstraram bom caráter moral e podem falar, ler, escrever em inglês e passar em um exame sobre a história e o governo dos EUA podem se inscrever para a cidadania americana — a naturalização.

Cidadãos americanos – U.S CITIZEN

As pessoas podem se tornar cidadãs americanas por nascimento nos Estados Unidos, através de pais cidadãos dos EUA (dependendo das leis em vigor no momento do nascimento) ou através do processo conhecido como naturalização.

Um cidadão dos EUA é elegível para receber um passaporte do país, emitido pelo departamento de estado americano. Muitos países permitem viagens sem visto para os cidadãos dos Estados Unidos.

Um cidadão americano pode sair e reingressar nos EUA a qualquer momento, sem estar sujeito aos motivos de inadmissibilidade ou solicitar uma permissão de reentrada. Não há restrições quanto ao número de dias que você pode permanecer fora dos Estados Unidos.

Os cidadãos dos EUA podem votar nas eleições federais e locais, manter certos cargos no governo e servir em júris. Muitos subsídios do governo federal e estadual, bolsas de estudo e benefícios estão disponíveis apenas para cidadãos.

Como cidadão dos EUA, você pode solicitar a imigração de seus parentes. Seu cônjuge, filhos solteiros com menos de 21 anos e pais serão considerados parentes imediatos e terão direito a imigrar assim que você conseguir preencher toda a documentação e responder às entrevistas. Seus filhos casados e seus filhos maiores de 21 anos, assim como seus irmãos e irmãs, são considerados parentes de preferência e podem ser colocados em uma lista de espera para imigrar. (Isso pode levar vários anos, especialmente para os irmãos).

Os cidadãos americanos não podem ser deportados dos Estados Unidos - a menos que tenham cometido fraude para obter o Green Card ou a cidadania pelo processo de naturalização.

Compreendidas então estas distinções, é preciso registrar que o que se conquistará via processo de habilidades extraordinárias será o Green Card. Veja a seguir as etapas do processo de internacionalização da carreira via habilidades extraordinárias ou excepcionais.

10 Passos para Internacionalização

Aqui, me aterei a descrever as etapas do processo de internacionalização de carreiras por meio dos vistos EB-1A, praticamente descrevendo minha experiência como aplicante de sucesso neste caso. Em primeiro lugar é preciso salientar que as diretrizes administrativas que norteiam a avaliação e a condução dos casos está em constante mudança nos Estados Unidos. Ou seja, os prazos e informações que vou dispor aqui poderão sofrer alterações no futuro.

Primeiro Passo

Consultar advogados de imigração licenciados e especializado neste tipo de visto para verificar se você se qualifica enquanto profissional para obtenção de um visto EB (Habilidades Extraodinárias ou Excepcionais). Nesta consulta, será primordial que você detenha o currículo estendido que tratamos anteriormente.

Segundo Passo

Após a confirmação dos advogados de imigração – sugiro pelo menos 2 opiniões sobre sua qualificação profissional para conquista do visto – você deve contratar uma consultoria especializada em geração de evidências e coach de imagem. Este profissional te auxiliará na organização e montagem das evidências que você, embora tenha vivenciado durante sua trajetória profissional, não catalogou ou não dispõe de registros. Esta orientação te auxiliará também a medir o potencial qualitativo de cada uma das evidências que deverão ser entregues ao advogado de imigração escolhido para aplicar seu caso.

Terceiro Passo

Estabelecer um cronograma com o escritório advocatício contratado para aplicação do seu caso. Geralmente a montagem de todo o processo varia de 4 a 6 meses — a depender do número de dependentes que serão adicionados no processo. É comum que os escritórios sinalizem um advogado responsável pelo caso de cada cliente, sendo este o profissional responsável por acolher todas as evidências que você e seu coach de intercionalização de carreira providenciarem juntos.

Quarto Passo

Após a entrega das devidas evidências, que é feita durante o prazo de montagem do processo, o advogado responsável pelo caso sinaliza que está tudo pronto para aplicação e efetiva a homologação do processo junto à USCIS. Com relação ao prazo para aplicação, o candidato ao visto geralmente fica confuso sobre se deve aplicar estando já nos Estados Unidos ou ainda no país de origem. Ambas as formas são possíveis. O advogado orientará a melhor forma caso a caso.

Também uma dúvida comum é com relação ao prazo para transicionar de status imigratório quando já se está nos Estados Unidos. Ou seja, o candidato já entrou com um outro visto no território americano e acredita qualificar para um visto de habilidades extraordinárias. Neste caso, deverá argumentar sobre prazos com o advogado de imigração. Existem acórdãos especiais para esta modalidade de visto que garantem, inclusive, a aplicação fora do prazo (180 dias) do status que o candidato detenha antes da aplicação.

Outra medida que deverá ser orientada pelo advogado de imigração escolhido é a realização dos exames médicos para envio à imigração. Tanto o candidato quanto seus dependentes deverão realizar um exame médico e um ciclo de vacinas em um instituto médico credenciado na imigração. Os exames de sangue, urina e avaliação por médico são necessários e os resultados são entregues ao candidato em duas vias, uma para conferência e outra em envelope lacrado que deve ser enviado à imigração juntamente com o processo no ato da aplicação.

É importante para o candidato saber que pode aplicar o chamado 'Premium Process' que nada mais é do que um pedido para que seu processo seja analisado com prioridade. A resposta da imigração sobre seu caso sairá em menos de 60 dias. É muito relevante que o candidato se informe com o advogado de imigração escolhido sobre os benefícios e malefícios do Premium Process em seu caso. Uma dica: Não deixe a ansiedade falar mais alto neste momento!

Quinto Passo

Após aplicado o caso, o candidato e o coach de imagem e internacionalização começarão o trabalho de orientação presencial para a vida nos Estados Unidos. Será realizado um estudo de mercado e potencial de trabalho em cada área específica que o candidato tiver atuado. O prazo inicial para espera de uma resposta da imigração é de aproximadamente 3 meses. Neste período, caso a imigração americana tenha considerado seu processo válido e com mérito para ser analisado, o departamento emitirá uma carta convidando o candidato e seus dependentes a fazer o 'finger print' que nada mais é do que uma captura de digitais e fotos no departamento de imigração.

Após o 'finger print', basta aguardar aproximadamente 45 dias para receber no endereço cadastrado no processo as autorizações de trabalho, de viagem e o número de seguro social – social security. É preciso salientar que o advogado deve ter solicitado estes benefícios no ato da aplicação do processo.

Sexto Passo

Ao receber a autorização de trabalho e viagem é comum que o candidato ao visto sinta um mix de felicidade e ao mesmo tempo uma dúvida cruel sobre como e de que forma deve utilizar estes benefícios. O auxílio do coach de internacionalização de carreira te mostrará o melhor caminho para que no fim do processo tudo seja aprovado.

Aqui é importante registrar que em muitos casos, ao receber a autorização de trabalho, o profissional se engaje erroneamente em outra área completamente diferente à sua no mercado americano. Esta é a pior decisão que se pode tomar, uma vez que o processo ainda está sob análise e o oficial de imigração poderá, se quiser, solicitar informações sobre o que o profissional aplicante realizou desde que recebeu sua autorização de trabalho aqui nos Estados Unidos.

É preciso registrar neste momento que estes benefícios são temporários e que, nos Estados Unidos, o mérito preliminar da petição é concedido nestes tipos de visto, mas a decisão final é que homologará estes benefícios. Ou seja, o processo segue a tramitação e a análise e o candidato precisa estar ciente de que deve continuar a atuação em geração de evidências e uma atuação profissional promissora também nos Estados Unidos.

Sétimo Passo

Após a chegada dos documentos que citei acima, o candidato passará por um longo período de espera para avaliação e julgamento do seu pedido. Meu processo de imigração com o EB-1A levou 1 ano e 9 meses após a chegada dos documentos para que o caso fosse finalmente aprovado e meu Green Card fosse encaminhado para a confecção. Durante este período o escritório advocatício contratado deve estar atento para renovações das autorizações de trabalho e viagem (que valem por um ano apenas) e também para eventual pedido da imigração para renovação dos exames médicos e vacinação.

Oitavo Passo

Em geral, a imigração entra em contato com o candidato via correspondências que chegarão no endereço cadastrado. O candidato também pode averiguar o andamento de seu processo online, porém, apenas a tramitação e não as decisões ou petições da imigração com relação ao caso. As respostas da imigração poderão se dar em 3 situações:

1 – Aprovando diretamente o caso: Este é o melhor dos cenários. O oficial de imigração que analisou a petição do candidato aprova considerando que todas as evidências fornecidas já são suficientes para considerá-lo um profissional com talento profissional extraordinário ou excepcional.

2 – Pedindo mais evidências: Neste caso o agente emite uma carta em que dispõe todos os pontos que gostaria de reforço de evidências. Aqui será muito importante que você tenha realizado um bom trabalho com seu coach de imagem e internacionalização para deter em seu poder todas as evidências, inclusive após a aplicação do caso. No caso desta resposta, o agente estabelecerá um novo prazo para que o candidato entregue todas as evidências solicitadas, sob pena de perder todos os benefícios até então conquistados caso não o faça.

3 – Negando diretamente o pedido: Neste caso, o escritório contratado deverá orientar o candidato com relação às medidas possíveis. É comum que os casos sejam reaplicados. Contudo, é muito importante dialogar com o advogado para sondar quanto será cobrado e como se dará a atuação do escritório em caso de negativa do pedido.

Nono Passo

Em caso de pedido de mais evidências pelo agente que avalia o caso – o que tem sido a resposta mais comum atualmente – é preciso que o candidato esteja preparado. O apoio de um coach de internacionalização de carreira profissional lhe garantirá não ser pego de surpresa e que o trabalho de reputação digital e reconhecimento profissional tenha seguido durante a tramitação do caso.

Décimo Passo

Meu caso foi aprovado sem a exigência de entrevista com o agente da imigração. Contudo, um novo procedimento está sendo adotado pela imigração que está solicitando que todos os aplicantes desta modalidade realizem entrevistas presenciais com os agentes. O escritório contratado deverá orientar o candidato como se dará esta entrevista. Após a aprovação do caso, a imigração emitirá uma carta de aprovação informando que o Green Card está sendo confeccionado e será enviado ao endereço do candidato informado na petição original.

Invista na sua imagem

Muitas vezes, embora um profissional tenha a carreira completamente consolidada e tenha alcançado o topo do sucesso, não fez parte de sua jornada uma atuação junto à imprensa. Ou seja, ele não possui publicações sobre si em jornais, revistas, websites de notícia ou sequer concedeu entrevistas à rádios e canais de TV.

Vários profissionais obtiveram amplo sucesso sem isso. Contudo, ter planejado ou procurado o reconhecimento de imagem e divulgação em sua comunidade local, nacional ou até mesmo internacional seria um grande diferencial. O profissional ainda que tenha talentos e habilidades incríveis dentro de sua área de formação, não soube ou não teve interesse de se projetar na mídia, para fazer-se notório.

Na hora de reunir os dados, o profissional poderá se deparar com esta realidade. Reunir a documentação para o processo de internacionalização da carreira pode ser, para alguns profissionais, um momento de preocupação.

É comum ouvir profissionais dizerem quando começam o processo de internacionalização: "Por que eu não guardei aquele artigo?" ou "por que não tirei foto naquele evento em que dei uma palestra?". Pode ser que este seja o seu caso. Pode ser que durante sua vida profissional você tenha preferido os bastidores.

Talvez não tenha investido na projeção de sua imagem. E nesta hora, alguns até desanimam. Entretanto é possível recuperar este ponto, buscando documentação e ainda gerando novas evidências a partir da sua expertise. Como coach de imagem e internacionalização de carreira sempre elaboro um plano de ação com o assessorado para identificarmos quais elementos podemos resgatar e quais podemos prospectar.

Há várias perguntas que somente o coach de imagem e internacionalização consegue responder com clareza, ao avaliar seu caso. Como transformar sua carreira, o que você é, em uma notícia? Como mostrar à sociedade que você tem autoridade dentro de sua área de conhecimento? Do mesmo modo, como fazer com que o projeto realizado em sua área que não teve a divulgação na época em que foi executado, possa ganhar novamente destaque? Como dar visibilidade a uma pesquisa que ficou restrita somente à sua área ou comunidade?

Há várias opções para aprofundar evidências e otimizar a forma como você se mostra, e como mostra a sua carreira. Contudo, o caminho seguro para isso é via uma consultoria de imagem. Este profissional poderá ajudá-lo a fazer escolhas sensatas que se adequem não só ao tipo de visto procurado como ao seu perfil profissional.

A questão fundamental é entender que a notoriedade social, bem como o volume de evidências são levados em consideração pelos agentes técnicos de imigração que recebem os pedidos de Green Card. A famosa frase dos tempos de Roma: "Não basta ser… é preciso parecer ser", se aplica perfeitamente aqui.

VIVENDO A EXPERIÊNCIA NA PRÁTICA

Antes de trazer casos de sucesso, é importante frisar que a internacionalização de carreiras é um processo individualizado. Não há uma "fórmula" que se aplique de maneira universal a todos os casos. Não há como determinar um roteiro linear de transição de carreira. O que deve existir, e, funciona é o estudo de cada situação e contexto.

É muito importante que seja feito um estudo de caso, por meio de uma consultoria, para entender qual a viabilidade da carreira, qual o impacto que sua carreira terá nos Estados Unidos, e em que áreas o profissional poderia atuar.

A consultoria para geração de evidências é só um dos pilares deste processo. Antes disso é preciso entender o mercado norte-americano e avaliar como determinado perfil profissional se encaixa neste cenário.

Por isso, o coaching de imagem e carreira especializado neste mercado é tão importante. As pessoas que irão partir para este processo, necessitam não apenas do suporte imigratório, técnico, mas também um olhar de carreira, de projeção e esta visão do mercado nos Estados Unidos.

Aqui não se trata de imigração patrocinada por empresas, por exemplo. Em casos de imigração que tem o patrocínio de companhias, o visto de trabalho estará atrelado e dependente da empresa patrocinadora. Mas em termos de vistos de habilidades extraordinárias, estamos falando de uma situação em que a decisão do USCIS sobre o visto dependerá da carreira do profissional e de como ele mostrará para o governo americano suas habilidades e seu diferencial para merecer atuar e morar aqui.

Casos de Sucesso

Apresentaremos a seguir alguns casos de sucesso de internacionalização de carreira para os Estados Unidos. Perfis de profissionais que migraram baseados em talentos e habilidades extraordinárias. Ambos foram acompanhados pela nossa consultoria de imagem e de carreira no planejamento do processo.

Estes exemplos mostram como cada situação tem peculiaridades. Pude atuar junto a cada um destes profissionais em contextos diferentes, mas que ao término do processo, os resultados foram alcançados. Aqui também gostaria de registrar que o profissional não deve, em primeiro plano, julgar se qualifica-se ou não para obtenção do Green Card por habilidades extraordinárias ou excepcionais.

Caso 1 - Profissional de Engenharia

Um dos clientes que assessoramos fez todo o planejamento da transição ainda no Brasil. O caso 1 é de um cliente que contratou o escritório de advocacia para planejar o seu caso e nossa assessoria de coaching de imagem e internacionalização de carreira ainda estando no Brasil.

Após identificar junto ao escritório advocatício especializado em imigração que do ponto de visto imigratório ele tinha os requisitos necessários para o visto EB2, ele me procurou, depois de contratar o advogado de imigração, para dar assessoria na parte de imagem e no processo de internacionalização de sua carreira.

Este cliente é um empresário do ramo de automação industrial no Brasil, bastante reconhecido nacionalmente dentro do setor, com uma grande projeção em sua área, por já atuar no mercado há mais de 30 anos.

Ele decidiu vir com a família para os Estados Unidos, por questões pessoais, como segurança e qualidade de vida para os filhos.

Além disso, vislumbrou a possibilidade de expansão internacional, uma vez que já possuía uma carreira consolidada e respeitada no Brasil. Cerca de um ano antes da aplicação, ele contratou um escritório de imigração na Flórida e verificou que ele qualificava para um visto EB2.

Após a contratação do advogado, que definiu qual o tipo de visto adequado para o caso, o empresário contratou os nossos serviços como coaching de imagem e de carreira. Um aspecto interessante neste caso é que ao invés de internacionalizar a empresa – um caminho que muitos empresários escolhem – ele decidiu internacionalizar sua própria carreira, colocando o foco em suas potencialidades e talentos especiais.

Ao contratar nossos serviços de coaching de imagem e internacionalização, ele entendeu que um caminho viável para seu caso, seria internacionalizar a si mesmo, contando para isso com nosso apoio e orientação. Fizemos todo o processo de mapeamento e divulgação assertiva de sua imagem profissional.

Outra característica interessante deste cliente é que, quando procurou o escritório de imigração e nossa assessoria, ele ainda estava no Brasil. Foram 11 meses de preparação antes que ele viesse para os Estados Unidos fazer sua aplicação.

Caso 2 – Profissional do Mercado Financeiro

Este profissional do mercado financeiro brasileiro, veio para os Estados Unidos com visto de estudante (F1). Ele veio para cá com a família, a fim de estudar. Ele consultou nossa assessoria de imagem para falar sobre as possibilidades de internacionalização de sua carreira, e foi orientado a buscar primeiramente um escritório de advocacia migratório para tomar conhecimento da melhor opção para seu perfil profissional.

Com o advogado especializado, ele identificou qual o tipo de visto adequado e depois retornou para a nossa consultoria. Iniciei com ele um processo de geração de evidências, coleta de informações, resgatando elementos de sua carreira e evidenciando junto à imprensa seu potencial como fonte de informação e credibilidade.

O profissional recebeu apoio em todo este processo de levantamento de dados sobre seu histórico profissional e sobre suas realizações na carreira no Brasil. Neste caso, a atuação foi no sentido de recolocá-lo em evidência no mercado brasileiro, mesmo porque ele já estava nos Estados Unidos.

Para isso, utilizamos a expertise que ele já tinha (seu conhecimento no mercado financeiro).

A orientação para ele foi, não somente a de resgatar seu histórico de realizações, mas também investir na projeção de sua imagem, baseando-se em um programa personalizado, totalmente ligado às suas habilidades. O intuito era fazê-lo estar em evidência, com base em seu talento e utilizando sua bagagem profissional como força propulsora deste movimento.

Caso 3 – Profissional de Comunicação com carreira internacional

Esta profissional estava buscando um patrocinador de emprego, para que pudesse fazer a mudança do status para o Green Card. Ela tinha um visto de Mídia (I) e já vivia nos Estados Unidos com a família, trabalhando para uma empresa brasileira como correspondente internacional.

No entanto, ao decidir por um processo de internacionalização da carreira e pela busca da residência permanente, ela estava focada em um possível patrocinador (sponsor) para uma oferta de trabalho. Mas não havia pensado ainda em ser sua própria patrocinadora por meio de suas habilidades e talentos profissionais diferenciados.

Quando ela procurou a consultoria, identifiquei que ela possivelmente teria as evidências necessárias para um visto de habilidades extraordinárias. Antes de dar seguimento, entretanto, lhe recomendei uma consulta a advogados de imigração.

A profissional acabou confirmando que tinha as evidências necessárias para o visto EB1A e começou a trabalhar na busca pela documentação que havia acumulado ao longo da carreira.

Este caso específico tem uma particularidade interessante quanto ao fato de a profissional, não ter reconhecido em um primeiro momento que poderia aplicar para este tipo de visto. Ela afirmou durante a consultoria que acreditava que vistos assim eram reservados somente à cientistas ou artistas famosos. Não havia tomado conhecimento ainda sobre esse visto na posição de um profissional que cumpria com os requisitos migratórios.

No caso dela, trabalhamos também na questão de identificar que tipo de trabalho ela poderia realizar para desenvolver suas potencialidades nos Estados Unidos. Estudando seu perfil profissional, a assessorei e a orientei para a abertura de uma empresa de produção de conteúdo, onde ela pudesse usar suas habilidades como escritora.

Outro aspecto interessante é gerenciar a documentação. Durante um processo de separação de evidências. Após fechar um contrato com a parte imigratória, pode ser um pouco confuso para o profissional separar o material válido para o processo. É comum que profissionais da área de comunicação fiquem perdidos sobre o que enviar como prova. E neste aspecto, o coaching de imagem e marca com bagagem na internacionalização pode trazer o diferencial.

Caso 4 – Profissional de Dança e Teatro

Esta profissional havia aplicado, quando nos contratou como coach de internacionalização, para o visto de estudante. Ela já morava nos Estados Unidos com o marido e o filho e aguardava a aprovação de sua petição do visto de estudante. Ao me contar sobre sua carreira no Brasil, com inúmeras apresentações de teatro e também como professora de dança, cogitei a possibilidade de que ela talvez qualificasse para o visto de habilidades extraordinárias.

Orientei que procurasse o suporte de escritório advocatício e ela assim o fez. Foi informada por 3 profissionais licenciados que qualificaria para o EB-2. Além de ter sido orientada a organizar as evidências enquanto aguardava a resposta do visto de estudante. O escritório advocatício que ela contratou não quis suplantar uma petição sobre a outra.

No caso desta profissional, trabalhamos para organizar as evidências que ela já dispunha e para fomentar a sua divulgação no Brasil como excelente profissional que é. Devido não ter se organizado ao longo do tempo, o suporte foi fundamental para guiá-la no que buscar com prioridade e no que, de fato, apresentar para que seu caso obtivesse sucesso.

Como ela já residia nos EUA durante a consultoria de internacionalização, foi necessário um amplo esforço no sentido de resgatar suas origens e networking no Brasil. Em contato com o escritório que auxiliou esta profissional, fui informado de que muitos vistos de profissionais ligados à arte e cultura estão sendo aprovados na categoria de habilidades extraordinárias.

Caso 5 – Profissional de Jornalismo e Audiovisual

Ele estava no Brasil quando me procurou para orientação de como vir aos Estados Unidos para experiência de moradia. Este profissional estava em dúvida para qual visto aplicar. Inicialmente ele queria residir nos EUA com o visto de Estudante. Após alertá-lo com uma planilha de custos e também enxergar sua potencial aplicabilidade para o visto de habilidades extraordinárias, solicitei que ele procurasse escritórios advocatícios de imigração.

Após a orientação devida por 3 escritórios, ele decidiu após uma consultoria também comigo, que o melhor caminho seria aplicar para o visto 'I' – representante de mídia no exterior e posteriormente, já nos Estados Unidos, aplicar para o Green Card por habilidades extraordinárias.

Este caso é interessante devido ao fato do candidato ter considerado que o Green Card muitas vezes pode vir posteriormente. Ele estava em busca de uma experiência internacional nos Estados Unidos e conseguiu por meio do visto I.

É muito importante que o candidato saiba o que todo visto exigirá dele após a entrada nos Estados Unidos. Por exemplo, este candidato economizou dinheiro durante o tempo – uma vez que o que torna mais caras as escolas de inglês é a concessão do visto de estudante. Além disso, também poupou tempo, pois ele aplicou para um visto que o permitia estar nos Estados Unidos e estudou por um valor bem mais baixo. Por causa disso, não dependia do status de estudante concedido pela escola de inglês.

O que chama atenção neste caso é que o candidato optou por um visto e depois, transicionou para um Green Card por habilidades extraordinárias. Ele era especialista em Produção Audiovisual e já tinha realizado filmes curta-metragem e documentários no Brasil. Você deve estar se perguntando, por que então este candidato não aplicou diretamente o Green Card? Resposta simples, muitas vezes, é melhor aplicar um outro tipo de visto e ganhar tempo para colecionar evidências e seguir se aprimorando profissionalmente, mesmo estando nos Estados Unidos, do que ser vencido pela ansiedade.

Dois anos após ter o caso aprovado este mesmo candidato aplicou o EB-2 e teve seu Green Card aprovado. É uma história que nos mostra a complexidade dos vistos e processos para obtenção da residência permanente aqui nos Estados Unidos. Também nos releva a necessidade de ter um suporte profissional qualificado para evitar erros que podem ser irreversíveis no processo de imigração para os EUA.

Há muita inteligência por trás de cada visto que pode ser aplicado. É preciso pensar para não cair em ciladas e se ver amarrado a um visto que não atende suas necessidades e anseios.

Caso 6 – Profissional de Música - Dj

Este profissional me conheceu durante suas férias nos Estados

Unidos e comentou sobre sua vasta atuação como DJ em boates do Brasil. Após identificar alguns critérios, sugeri que ele conversasse com escritórios de advocacia de imigração americanos para sondar a sua qualificação para o visto de habilidades extraordinárias.

A resposta obtida por ele em 4 escritórios procurados foi a de que qualificaria para um visto de habilidades extraordinárias. Precisava, no entanto, de algumas evidências que não havia colecionado ao longo de sua trajetória profissional. Após traçar seu perfil profissional e as competências que ele já havia conquistado ao longo da carreira, identificamos os caminhos que ele deveria seguir para apresentar todas as evidências necessárias.

O que chama a atenção neste caso é que os vistos de habilidades extraordinárias são conhecidos no Brasil comumente como 'vistos de celebridades' ou seja, o profissional, em um primeiro contato com este visto, não acreditou na sua possibilidade de qualificar sua carreira profissional para um Green Card. Ele se surpreendeu positivamente.

Um ponto importante a ser considerado, ainda sobre este caso, é que para a imigração, o fundamental é você apresentar as relevantes provas que justifiquem seu talento, ou seja, o primeiro a ser convencido que, de fato, já percorreu um percurso profissional interessante é você mesmo.

Caso 7 – Profissional de TI

Em geral, profissionais do segmento de Tecnologia da Informação, engenharia de software, programação, sistemas de informação e afins, ao apresentarem uma carreira interessante qualificam para o visto de habilidades extraordinárias. A proposta original destes vistos é atrair profissionais de alto gabarito estrangeiros para atuação no mercado americano, ou seja, você pode ser o profissional certo, no local certo.

Conheci este profissional durante sua viagem para Orlando com sua esposa e filha. Ao conversar com eles, fui informado de que já estava em processo imigratório para o Canadá, onde, segundo eles, a tramitação e burocracia era menor que nos Estados Unidos. Ao questioná-lo sobre a sua carreira profissional, identifiquei elementos que de imediato me trouxeram a percepção de que ele possivelmente qualificaria para um visto de habilidades extraordinárias na área de TI.

Seguindo o mesmo caminho, este profissional foi orientado a buscar a avaliação de seu caso em escritórios de advocacia de imigração. Decidiu contratar o escritório já de volta no Brasil e iniciar o processo enquanto estava em território brasileiro. Segundo relatado por ele, esta foi a melhor maneira para seguir trabalhando no Brasil e investindo na montagem de todo o processo imigratório nos Estados Unidos. O que para ele, foi uma decisão acertada do ponto de vista financeiro e de planejamento imigratório.

Após quase um ano desde que iniciou o processo de imigração com o escritório advocatício, este profissional veio com sua família para os Estados Unidos para aplicação do processo. O que chama atenção neste caso foi a possibilidade que o profissional teve de seguir gerando renda no Brasil em seu atual trabalho até aplicar o processo e vir definitivamente para os Estados Unidos com sua família. A boa notícia foi que ao comunicar à empresa que estava vinculado profissionalmente sobre sua decisão de emigrar, ele foi mantido no quadro como profissional no exterior e seguiu ganhando seu salário mesmo atuando remotamente dos Estados Unidos. Afinal, não é todo dia que uma empresa brasileira pode manter um profissional, principalmente de tecnologia, nos EUA.

Caso 8 – Profissional de Organização Sem Fins Lucrativos – Projetos Sociais

Devido minha atuação como coach de internacionalização de carreiras, tenho sido bastante recomendado por advogados de imigração americanos para oferecer suporte a interessados em emigrar nesta modalidade de visto. Fui recomendado por um escritório para auxiliar no suporte de imagem e evidências de uma profissional que atuava há mais de 20 anos como Diretora de projetos sociais no Rio de Janeiro e Colômbia.

Com suporte à comunidades carentes em diferentes direções, esta profissional colecionava, acima de sua competência técnica, uma história belíssima de superação. Iniciamos então o trabalho monitorando seu perfil profissional e realizando entrevistas para coletar o maior número possível de informações sobre sua carreira. Seu plano era estabelecer uma Organização 'Non Profit' nos Estados Unidos e seguir ampliando a atuação via assistência social também no território americano.

Este caso me chamou atenção pela peculiaridade. Inicialmente, no Brasil, emitimos uma análise equivocada de que trabalhos de cunho social ou cultural não detém a mesma relevância que os trabalhos associados ao mundo corporativo. O entendimento da imigração americana disse o contrário no caso desta profissional.

O trabalho de levantamento das evidências de sua trajetória revelou, até para ela mesmo, o quanto seu percurso profissional havia sido excelente.

Caso 9 – Profissional de Artes Marciais

Esportistas em geral tem alcançado o Green Card por meio do processo via habilidades extraordinárias. Fui recomendado por um escritório de advocacia de imigração a um profissional que lutava judô no Brasil há muitos anos. O profissional colecionava vitórias e participação em campeonatos do seu esporte, no Brasil e no exterior.

O trabalho neste caso específico se deu muito mais no campo emocional e de projeção deste profissional nos Estados Unidos do que propriamente no levantamento de evidências. É comum que estes profissionais, embora atuem amplamente no Brasil, ao chegarem nos Estados Unidos com a permissão para residir de forma permanente, necessitem de um suporte para posiconar a carreira – caso decidam abandonar o esporte em médio prazo.

Realizamos uma pesquisa de mercado e buscamos juntos um caminho profissional para este lutador aqui no território americano. É importante ressaltar que nos casos de visto para atletas, os escritórios advocatícios geralmente recomendam um detalhado levantamento visual de participações em campeonatos, premiações, medalhas. Absolutamente tudo o que puder comprovar a relevância deste profissional.

Caso 10 – Profissional de Gestão Empresarial

No Brasil é comum que os profissionais concluam a graduação e mergulhem em especializações que qualifiquem seu perfil no mercado. Isso é muito bem visto aqui nos Estados Unidos. O nível de estudo conta bastante. Fui recomendado a este profissional por um escritório advocatício de imigração para auxiliá-lo na internacionalização de sua carreira para os EUA.

No momento em que iniciamos o trabalho este profissional dirigia uma grande empresa do ramo de segurança no Brasil e pretendida vir com sua família para residir nos Estados Unidos. Porém, não poderia, nem queria, deixar sua atuação no Brasil. Aqui um ponto importante a ser citado, trato de 'internacionalização de carreiras' e não de 'exportação da carreira'. Esta diferença é fundamental para que o profissional entenda que poderá e deverá, se quiser, atuar tanto nos EUA quanto no Brasil. Ou seja, não precisa haver uma escolha definitiva que restrinja o campo de atuação deste profissional – é exatamente o oposto.

Para o trabalho com este profissional, tivemos que vencer sua timidez. Com perfil mais associado à prática gerencial ele teve que ser guiado para uma outra esfera de publicização de sua atuação. Juntos, levamos 9 meses para o levantamento de evidências que pudessem contribuir com seu processo imigratório na categoria de habilidades extraordinárias. A consultoria permanente e o trabalho como coach de internacionalização impactaram positivamente também no andamento da sua empresa no Brasil.

Neste caso específico, notamos que não existem, de modo geral, carreiras que não qualificam para esta modalidade de imigração em habilidades extraordinárias. Contudo, é muito importante que os profissionais busquem auxílio e orientação de escritórios advocatícios para verificar sua aplicabilidade e o potencial de sua carreira. Muitas vezes, será preciso ganhar um pouco mais de tempo para consolidar o perfil profissional que se deve ter para obter um Green Card por habilidades extraordinárias.

Histórias de sucesso

Os dez casos apresentados aqui tiveram seu Green Card aprovado. Cada um deles tem especificidades diferentes e viveram o processo de maneira distinta, o que nos remete à singularidade de cada caso. Em se tratando de internacionalização de carreira, não existe uma regra geral para todos. Cada caso é um caso e exige uma solução única até que a tão sonhada vida nos Estados Unidos, inclusive profissional, comece a acontecer.

O caso 1, abriu sua empresa na Carolina do Norte e obteve seu Green Card. Hoje mora com a família e gerencia tanto sua empresa americana quanto sua empresa no Brasil. Aqui é importante frisar que o seu Green Card é fruto de seu talento especial como profissional. Ou seja, não está diretamente vinculado à sua empresa aqui nos Estados Unidos.

O caso 2, vive com a família no estado da Flórida e está agora estudando em cursos de especialização sobre o mercado financeiro americano. Recentemente teve um filho e segue atuando como palestrante sobre mercado financeiro no Brasil.

O caso 3, optou por se vincular a uma empresa americana e atualmente compõe o quadro de funcionários de uma grande companhia. Reside em Atlanta, Geórgia com seus dois filhos e está, neste momento, buscando ampliar sua atuação na área de comunicação corporativa.

O caso 4, está com a família morando em segurança na Flórida.

Segue atuando com vínculo em escolas de dança em seu estado de origem no Brasil – Rio de Janeiro – e também participando de cursos em escolas de dança em Nova York. Pretende abrir nos próximos meses uma escola de dança.

O caso 5, está livre para explorar as vivências culturais em todo o mundo e buscar inspiração para seus próximos filmes e documentários. Atualmente Dirige a filial da agência de comunicação, marketing e imprensa no Brasil que tem sede nos Estados Unidos onde atua também de forma permanente como Diretor de Conteúdo.

O caso 6, está trabalhando como DJ em diversos lugares, não apenas dos EUA mas de mundo afora. A liberdade e a credibilidade que profissionais que atuam no mercado americano ganham mundo à fora é impressionante. Segue morando em Miami e sendo convidado para tocar nas principais festas e baladas do Brasil.

O caso 7, está com a família. Sua filha iniciou os estudos no High School e este profissional segue atuando para a empresa que já trabalhava no Brasil. Também abriu mais recentemente uma empresa de suporte e TI aqui nos Estados Unidos.

O caso 8, está com sua Organização sem Fins Lucrativos aberta e funcionando a pleno vapor aqui nos Estados Unidos. Segue captando recursos para auxiliar cada vez mais pessoas. Ainda atua junto às comunidades no Rio de Janeiro e também na Colômbia.

O caso 9, segue lutando e com o projeto de uma academia de artes marciais em Boston. Este profissional segue também dando muito orgulho ao Brasil após consolidar uma carreira tão brilhante aqui nos EUA.

O caso 10, agora está exatamente na vida que buscou. Segue dirigindo sua empresa e indo constantemente ao Brasil. Suas filhas seguem estudando aqui nos Estados Unidos e este profissional tem buscado, mais recentemente, cursos na área de segurança e gestão nos EUA para implementar o conhecimento em sua empresa do Brasil.

Trabalhando com estes e com inúmeros outros candidatos de distintas áreas profissionais, é importante ressaltar que não há uma fórmula mágica em se tratando do tema da internacionalização de carreiras e de processos de imigração por habilidades extraordinárias. Cada um dos profissionais listados aqui construíram uma carreira, trabalhando em menor ou maior grau na projeção de sua imagem e também na consolidação de seu sonho.

Como vimos, é totalmente possível que um profissional emigre de forma correta para os Estados Unidos sem abandonar seu percurso, sem deixar para trás toda sua trajetória profissional. É muito importante que este profissional esteja seguro do que pretende para si e para sua família. Sonhos são para ser alcançados e certamente, como vimos, com planejamento, orientação qualificada e muita maturidade não haverá outro resultado que não o sucesso.

Para auxiliar aqueles que leram até aqui e devem estar sonhando com a vida profissional nos Estados Unidos, vou listar no próximo tópico, algumas cidades americanas que oferecem benefícios incríveis para trabalhadores. É importante frisar que como vimos, mesmo com o processo ainda sob análise, o profissional receberá uma autorização de trabalho do Governo Americano, podendo escolher qualquer cidade do país para atuar. Uma dica: É possível fugir das mais famosas!

Melhores Cidades para Trabalhar nos EUA

É comum que os profissionais que cogitam residir de forma permanente nos Estados Unidos tenham visitado o país como turista. Estas visitas concentram-se na sua ampla maioria, em cidades famosas, consideradas os destinos mais desejados por turistas brasileiros. Quando iniciam o percurso para imigrar para os EUA, iniciam uma busca por informações sobre as regiões com outros brasileiros que já estejam morando no país. A densidade populacional da comunidade brasileira nos Estados Unidos está concentrada também em estados e regiões que se tornaram de forma geral o ponto de entrada da grande maioria dos brasileiros que imigram para os EUA.

Grandes cidades americanas como Nova York, Los Angeles e Miami têm pouca ou quase nenhuma dificuldade em encontrar mão-de-obra para ocupar postos de trabalho disponíveis. Contudo, a situação é completamente diferente em cidades menores. Muitas delas estão, inclusive, oferecendo incentivos para atrair trabalhadores / moradores.

Vou listar abaixo algumas dessas cidades e quais os benefícios elas oferecem para novos moradores e trabalhadores:

Hamilton, Ohio,

Os graduados em faculdade que se mudam para Hamilton, localizada cerca de 45 minutos ao norte de Cincinnati, podem receber até US $ 5.000 para pagar seus empréstimos estudantis. A cidade iniciou em fevereiro deste ano um programa conhecido como "bolsa reversa" segundo divulgado pelo jornal 'Hamilton-Middletown Journal-News'.

Os estudantes que se formaram nos últimos sete anos com um diploma de ciências, tecnologia, engenharia, matemática ou artes e / ou aqueles que têm mais de US $ 5.000 em dívidas de faculdade são elegíveis para receber a bolsa. Os professores que se mudam para Hamilton e lecionam em período integral por cinco anos acadêmicos consecutivos em escolas consideradas de baixa renda, também terão benefícios e podem se qualificar para retornos ainda maiores de empréstimos estudantis – o valor pode chegar até US $ 17.500.

North Platte, Nebraska,

Em 2017, a câmara de comércio de North Platte começou a oferecer até US $ 10.000 para qualquer pessoa que se mudar para lá para um emprego. Os novos funcionários devem concordar em permanecer em suas empresas por pelo menos três anos. Em uma entrevista ao 'The Wall Street Journal', a jovem de 25 anos Audrey Bellew, graduada em direito, disse que usou o dinheiro para pagar sua mudança.

A doação também a ajudou com os custos de vida. Enquanto ela estudava para o exame de qualificação para exercer a profissão, até que ela conseguiu um emprego em um escritório de advocacia local. A cidade espera que o programa ajude a região a preencher suas centenas de vagas de emprego.

Detroit, Michigan,

Lançado em 2008, o Desafio Detroit oferece bolsas pagas para que graduados de fora do estado se mudem, vivam e trabalhem na cidade. Todos os anos, cerca de 30 bolsistas são escolhidos para trabalhar com empresas locais e organizações sem fins lucrativos, com a opção de se estabelecerem na cidade após o término do programa de 12 meses. Os bolsistas ganham US $ 36.000 por ano, além de benefícios.

Marne, Iowa

As pessoas que se mudam para Marne, Iowa, podem receber terras gratuitas. Localizada a cerca de uma hora de carro de Des Moines, a cidade de Marne está fornecendo terra livre para novos moradores que querem construir uma casa lá. Os lotes têm em média cerca de 9.600 metros quadrados.

Financiado por doações, o programa começou há uma década para atrair mais trabalhadores para a cidade. O esforço parece ter dado resultado, a taxa de desemprego de Iowa é de 2,9%, o que é muito inferior à taxa nacional de 3,8%.

Cottonwood Falls, Kansas

Novos moradores de Cottonwood Falls, Kansas, podem não precisar pagar imposto de renda nos primeiros cinco anos. Cottonwood Falls instituiu um programa exclusivo de incentivo financeiro para novos residentes elegíveis. Por até cinco anos, o Kansas renunciará ao imposto de renda destes novos moradores.

Designada como uma Zona de Oportunidade Rural, a cidade fica em um dos 77 condados que o estado autorizou a oferecer ofertas a recém-chegados. Os negócios variam. As pessoas que se mudam para Colby, uma cidade no condado de Thomas, podem solicitar as renúncias de imposto de renda e até US $ 15.000 em reembolsos de empréstimos estudantis. O mesmo vale para Oberlin, Eureka e Stockton.

Burlington, Vermont

Os trabalhadores que se mudam para Burlington, Vermont, podem receber até US $ 10.000. A partir de janeiro de 2019, Vermont pagará US $ 10 mil em dois anos para um pequeno número de trabalhadores remotos que se mudam para lá – dinheiro que ajudará a cobrir custos de realocação, software e hardware, acesso à internet e participação em espaços de trabalho conjunto. O governador Phil Scott sancionou o projeto no final de maio.

Ao atrair trabalhadores de tecnologia de fora do estado, o programa de subsídios espera revitalizar a força de trabalho envelhecida de Vermont. Como o jornal 'Burlington Free Press' publicou, o estado está envelhecendo mais rápido que o resto dos EUA, e tem a terceira maior idade mediana do país.

O programa estadual não se limita aos recém-chegados à Burlington, mas como a cidade é a maior em Vermont, pode ser um local atraente para novos residentes.

Em outro mapeamento importante, apresentarei a seguir informações de 35 cidades americanas com maior potencial para trabalho. Esta lista foi compilada pela Organização MagnifyMoney, que analisou as 100 maiores áreas metropolitanas nos EUA e suas mudanças de 2011-2016 para determinar quais cidades têm o maior afluxo de pessoas, mais oportunidades de trabalho, maior crescimento de negócios com base nos dados do Censo dos EUA. Nestas cidades promissoras, população e habitação, força de trabalho e oportunidades de emprego e negócios estão crescendo.

Para calcular a classificação, cada cidade foi pontuada em uma escala de até 100 pontos, divididas em três categorias:

Pessoas e moradia: quantas pessoas estão migrando para a área e o medidor acompanhado, considerando a população total e as unidades habitacionais.

Força de trabalho e oportunidades de emprego: taxas de desemprego, força de trabalho civil e rendimentos medianos.

Indústria em crescimento: Taxa de crescimento do negócio e da indústria, incluindo número de estabelecimentos e empregados pagos por período pago.

Austin, Texas, por exemplo, mostrou o maior crescimento em cinco anos no número de população e habitação. As cidades do Texas ocuparam um terço das cidades metropolitanas dos EUA, com Austin ocupando o primeiro lugar. Se você estiver procurando por uma cidade promissora com um cenário empresarial em crescimento, você não encontrará destinos populares como Nova York ou Los Angeles em nenhuma lista. Em vez disso, o Texas e partes da região da Montanha estão literalmente marcando território no campo profissional e sendo consideradas as "melhores cidades para trabalho" dos Estados Unidos.

Veja abaixo a tabela com as 35 principais cidades que mostraram o maior crescimento de pessoas, negócios e oportunidades de trabalho ao longo de um período de cinco anos nos Estados Unidos:

	Cidade	População e pontuação da habitação	Força de trabalho e pontuação de ganho	Pontuação de crescimento de negócios
01	Austin, Texas	100	70,3	93
02	Provo, Utah	79,9	52,2	95,1
03	Raleigh, Carolina do Norte	84.1	48,3	70,8
04	Charleston, Carolina do Sul	66,9	60,6	71,7
05	Nashville, Tennessee	54,5	54,6	72,9
06	Denver, Colorado	52,2	58,3	65.3
07	Dallas, Texas	61,4	48,7	64,4
08	Boise, Idaho	53,2	47,8	67
09	San Antonio, Texas	57,2	45,4	64,5
10	McAllen, Texas	60.3	62,2	44,3
11	Houston, Texas	77.7	41,9	43,9
12	Ogden, Utah	51,2	46,8	63.3
13	Charlotte, Carolina do Norte	55.7	39,8	64,2
14	Orlando, Flórida	55.7	33,1	67,6
15	Des Moines, Iowa	59,7	42,8	52,5
16	Durham, Carolina do Norte	55,9	42,2	55,9

Cidade	População e pontuação da habitação	Força de trabalho e pontuação de ganho	Pontuação de crescimento de negócios
17 Fort Myers, Flórida	44.2	36,5	66,8
18 Salt Lake City, Utah	46	48	52,7
19 San Jose, Califórnia	39.4	53,4	49,5
20 Seattle, Washington	45,9	45,6	49.4
21 Portland, Oregon	38.3	43,5	57,6
22 São Francisco, Califórnia	31,6	47,5	55,8
23 Colorado Springs, Colorado	54.3	32,3	45,8
24 El Paso, Texas	54.1	39,1	38,5
25 Sarasota, Flórida	37,7	38,1	55.1
26 Las Vegas, Nevada	44,1	17,1	64,2
27 Grand Rapids, Michigan	19,5	53,3	52
28 Phoenix, Arizona	45,5	28,9	48,8
29 Miami, Flórida	31.1	31,5	58.8
30 Nova Orleans, Louisiana	43.5	26,9	50,7
31 Oklahoma City, Oklahoma	45,6	44,4	30,8
32 Atlanta, Geórgia	37.1	30	53,4
33 Omaha, Nebraska	38,2	44	35,7
34 Columbus, Ohio	31,9	38,9	44,1
35 Greenville, Carolina do Sul	31,7	43,2	38.3

PORQUE INTERNACIONALIZEI MINHA CARREIRA

Muitas vezes, após atuar durante um período no Brasil, o profissional sente que já alcançou o estágio superior para sua carreira dentro do país.

Frequentemente quando o profissional alcança este nível "sênior", surgem inquietudes sobre a necessidade de expansão, busca de novos mercados e oportunidades da internacionalização.

Em geral, quando um profissional sente que chegou ao topo em sua área, ele começa a buscar mais conhecimento, mais cursos e especializações a fim de obter aprimoramento.

A internacionalização é um caminho que o profissional pode escolher ao perceber que já atingiu o ápice de sua carreira no Brasil. É uma alternativa possível e enriquecedora para alçar voos mais altos e ocupar novos espaços, também no exterior.

Aqui volto a frisar que o termo 'internacionalização' se deve ao fato de que o profissional não deve deixar de atuar no Brasil para atuar nos Estados Unidos (sendo assim, o termo correto deveria ser exportação da carreira profissional). Cada caso tem um objetivo. Mas eu sempre recomendo que os profissionais reflitam sobre a possibilidade de continuar atuando em sua área no Brasil mesmo reforçando sua carreira profissional nos Estados Unidos. Em muitos casos, é totalmente possível que o profissional siga atuando não apenas no Brasil mas também em outros países tendo sua base nos Estados Unidos.

Falando um pouco da minha experiência de vida e carreira. Eu já sentia uma "faísca interna", uma sensação de que eu já havia conquistado o topo da minha carreira profissional no Brasil. Então, em busca de aprimoramento, comecei a pesquisar cursos na Europa e aqui nos Estados Unidos.

Acabei optando por um curso na escola de Cinema de Nova York. Meu plano inicial era dar um tempo na minha carreira no Brasil e investi-lo nos Estados Unidos, fazendo esse curso específico em Nova York. Meu planejamento inicial passava por um curto período de intensivo estudo de inglês em Orlando e em seguida a mudança para Nova York.

Durante o estudo em Orlando fui apresentado ao visto de habilidades extraordinárias por um escritório de advocacia de imigração como sendo um aplicante que se qualificaria para o visto EB-1A. Na sequência, aconteceu o inusitado e trágico tiroteio na boate Pulse em Orlando e veículos de comunicação do Brasil inteiro me convidaram para atuar como correspondente na cobertura deste caso.

Este é um fator interessante: o bom profissional deixa um rastro positivo. Fui convidado por colegas da imprensa no Brasil, para realizar as coberturas, porque neste momento eu estava em Orlando. Eu não fui atrás desta cobertura, mas colegas da imprensa brasileira entraram em contato comigo.

Acabei me tornando um jornalista correspondente aqui no Centro Sul dos Estados Unidos, cobrindo tiroteios e furacões na Flórida, e diversos outros assuntos, para a Globo News, Correio Brasiliense, Metropoles, Rádio Nacional, entre tantos outros veículos de imprensa. Atualmente, sou colunista da Rádio Justiça no Supremo Tribunal Federal e atuo como correspondente para diversos outros grandes veículos de imprensa brasileiros.

Estas mudanças imprevisíveis me fizeram pensar que poderia contribuir com outros profissionais que desejassem internacionalizar suas carreiras para os Estados Unidos. Comecei aplicando passo-a-passo a consolidação da minha carreira aqui. Abri uma agência de comunicação, marketing e imprensa – hoje a maior da Flórida com filial no Brasil e projeção de expansão para a Europa e Canadá até 2020.

O que aprendi ao internacionalizar a minha carreira e na vivência como coaching, é que o profissional que decide por este processo precisa ter um preparo grande para que a carreira também floresça aqui nos Estados Unidos.

Mesmo que a pessoa continue fazendo negócios no Brasil e continue a ter relevância em sua área no mercado brasileiro, é importante destacar que é fundamental ter em mente que com a internacionalização há uma nova fronteira, um novo patamar a ser alcançado – a construção da carreira nos Estados Unidos.

Este processo de construção aqui, não exclui a possibilidade de se manter em evidência e fazer negócios no Brasil, porém, nos Estados Unidos o profissional terá que construir uma nova carreira, começando do zero. Isso porque, terá de ser construído um networking, aprender como funciona o mercado interno nos Estados Unidos, que obviamente, tem suas especificações. É fundamental ter um suporte, entender e aceitar que embora sua carreira continue promissora no Brasil, você terá de começar de maneira progressiva nos Estados Unidos.

É perfeitamente possível manter-se em evidência no Brasil e começar a "construir-se" aqui. Isso também enriquece a experiência do profissional em território brasileiro. Porque a medida em que se aprimora e conhece o mercado americano, neste processo de consolidação, você terá mais conhecimento e mais conteúdo para devolver ao Brasil.

A internacionalização pode ser uma troca interessante, também para os dois países que irão, na prática, compartilhar deste profissional.

Quem vem para os Estados Unidos trará sua bagagem de experiências (seu background), ainda que no início tenha que batalhar por seu lugar ao sol de uma maneira nova, e talvez, diferente de sua história de conquista no Brasil.

Do mesmo modo, este mesmo profissional devolverá o que "aprende" de sua vivência americana, ao seu país de origem. Um profissional pode continuar desenvolvendo projetos no Brasil, por exemplo, caso tenha uma empresa.

É possível levar adiante um projeto de carreira aqui, que irá promovê-lo e consolidá-lo como profissional no mercado americano. Este plano envolve várias nuances, entre elas, a consolidação de sua imagem no mercado local e o respeito que ele deve ter às suas bases.

Um princípio básico para você, que quer internacionalizar sua carreira nos Estados Unidos é que você precisa ter respeito a quem você é no Brasil, respeito à sua imagem construída e à sua própria relevância alcançada.

É preciso que este profissional tenha muita maturidade para entender que não se pode se jogar em qualquer lugar, ou se colocar em uma posição inferior à já conquistada.

A importância disso é que escolhas erradas, poderiam por exemplo, depor contra sua imagem e contra a tipicidade da imigração escolhida, contra as habilidades e talentos extraordinários que o trouxeram para cá.

Por isso, é preciso se planejar e contar com a ajuda de um profissional. É preciso traçar um plano de estratégias para identificar, entre outras coisas, quais as alianças adequadas, de quais eventos você irá participar com o intuito de seguir prospectando imagem e respeitabilidade internacional para você e sua carreira.

Há uma série de aspectos que precisam ser considerados. Um coaching de internacionalização de carreira e imagem será essencial neste processo.

Ter em mente um plano de ação será essencial. Há muitos casos de brasileiros que tem uma carreira consolidada no Brasil, com muitas habilidades, que até mesmo por falta de informação ou suporte adequado, acabam perdendo o foco e o objetivo da internacionalização.

Escolhas inteligentes

Para encerrar este capítulo, convido você a fazer uma reflexão e ter em mente que, na realidade, vivemos um paradoxo: Ao mesmo tempo em que a globalização nos leva a ter acesso à informação e até mesmo nos desperta para "internacionalizar-nos", governos têm cada vez mais preocupações quanto às suas políticas migratórias e estamos em meio a uma onda de controle imigratório.

Sendo assim, devemos pensar em processos de internacionalização de carreiras e imigração de maneira integrada. Imigrar hoje em dia, não deve ter o viés de "cruzar fronteiras", ou de tentar a "sorte" pura e simplesmente. Mais que nunca é preciso pensar em um processo inteligente, estruturado, e coordenado com estágios muito bem definidos para evitar prejuízos e frustrações.

Ao olharmos para o Brasil e para seu potencial intelectual e produtivo, vemos como nosso país tem levantado profissionais brilhantes e talentos extraordinários nas mais diferentes áreas de atuação.

O Brasil é um grande celeiro de profissionais criativos, preparados e talentosos que ao internacionalizar suas carreiras, podem também devolver o conhecimento e a experiência profissional adquirida nos Estados Unidos ao mercado brasileiro.

Na minha experiência de internacionalização vejo isso, não só no meu caso particular, como em outros profissionais que passaram pelo mesmo processo e que hoje tenho a chance de orientar.

Ao internacionalizar-se, o profissional pode devolver conhecimento ao seu país de origem. No meu caso, por exemplo, tenho participado de seminários, palestras e de alguns projetos na minha área. Sempre mantendo o vínculo, inclusive acadêmico no Brasil.

Internacionalizar-se não é abandonar o seu país e nem deixar tudo para trás. Uma nova perspectiva da imigração em um mundo globalizado passa por encurtar distâncias e, de maneira inteligente, continuar produtivo e produzindo frutos dentro e fora do Brasil.

Por tudo o que vimos até aqui o cenário é ideal e as condições para a internacionalização da carreira profissional estão em jogo. Resta que o profissional tenha a ousadia de empreender novas escolhas e aproveitar este momento para, de forma orientada e séria, dar o primeiro passo.

Uma nova era de profissionais globais se desvenda. Conceitos como competitividade, expertise, e técnicas estão cada vez mais mundiais. Enquanto que os mercados transnacionais seguem propulsores de uma geração profissional que não se intimida e que está preparada para lidar com o mundo como quintal de sua casa.

Neste livro trouxemos um dos caminhos possíveis para a internacionalização de carreiras – pensando no ponto de partida como um processo de imigração para os Estados Unidos. Há outros caminhos e várias escolhas possíveis. Assunto que pretendo trabalhar em um outro livro.

Se você chegou até aqui, se leu este livro é porque já houve internamente um despertar e um interesse para trilhar este caminho. Talvez você pense que tem um longo caminho. Mas não há rota que não possa ser alcançada quando se planeja. O desafio para romper suas próprias fronteiras e expandir-se rumo ao seu sucesso internacional foi lançado. Internacionalize-se!

CADERNO DE IMAGENS

Rodrigo Lins como Correspondente Globo News

Rodrigo Lins como repórter da TV do Ministério da Educação

Rodrigo Lins como Correspondente Globo News

Rodrigo Lins como apresentador na transmissão da CONAE pela TV MEC

Rodrigo Lins como professor paraninfo e homenageado por turmas de publicidade e jornalismo na Universidade Estácio de Sá

Rodrigo Lins como orientador dos melhores trabalhos científicos dos cursos de jornalismo e publicidade do ano - O período total em que ocupou a cadeira de orientação acadêmica, chegou a quase cinco anos

Rodrigo Lins como repórter da União dos Advogados Públicos Federais do Brasil - Atuação multifacetada conferiu destaque junto a entidades do serviço público federal no Brasil

Rodrigo Lins em atuação parlamentar na Câmara dos Deputados - Trabalho parlamentar e de comunicação durou quase seis anos

Rodrigo Lins em atuação parlamentar na Câmara dos Deputados - Na ocasião, coordenou a comunicação/divulgação de CPI's e andamentos de matérias legislativas

Rodrigo Lins foi diretor e roteirista do documentário "Sorria, você está sendo filmado" em 2010. O filme foi selecionado na Mostra Brasília do Festival de Cinema e ganhou repercussão em todo o Brasil

Rodrigo Lins como painelista e moderador do Comunicar em 2013

Rodrigo Lins convidado do Prêmio CNI de Jornalismo

Compartilhe suas impressões de leitura
escrevendo para:

INFO@ONEVOXGLOBAL.COM

www.onevoxglobal.com